EL OFICIO CONGO

EL OFICIO CONGO

LA RELIGION DE PALO MONTE ENCUNIA LEMBA SAO ENFINDA CUNAN FINDA

Pactos, Tratados, Rituales y Ceremonias
LA MURAMBA

GANGULERO

Número de Control de la Biblioteca del Congreso de EE. UU.:		2012906133
ISBN:	Tapa Blanda	978-1-4633-2406-3
	Libro Electrónico	978-1-4633-2405-6

Para pedidos de copias adicionales de este libro, por favor contacte con:
Palibrio
1663 Liberty Drive
Suite 200
Bloomington, IN 47403
Llamadas desde los EE.UU. 877.407.5847
Llamadas internacionales +1.812.671.9757
Fax: +1.812.355.1576
ventas@palibrio.com
399514

ÍNDICE

FENFINDA CUNAN FINDA LEMBA SAO EL OFICIO CONGO

Mama dundún la Ceiba, encunia lemba Sao, enfinda, cunan finda. El tronco mayor que de sus raíces de la distancia surco los mares atado a las cadenas. Más trajo dentro del alma la semilla de su cimiento. Origen grabado, trascendencia, costumbres de un pueblo de fe, mitología religiosa reencarnación de guía, basada en fe libre de pueblos, que a través de la historia misma han hecho historias, ya que nosotros formamos parte del pasado, para ser el presente y el futuro. Esta es legado religioso de Palo Monte Mayombe y sus Siete Reinos Congos.

Navegante que en su travesía vio al pez grande de los mares despegarse de su tierra y el sol {ntango} dejar de alumbrar por la cubierta de los galeones, que en su interior cadenas ataban las piernas, más de sus manos libres, remos hacían de sus manos sangrar. Mas el repicar de los tambores callaron, pero el silencio otorgo el tiempo. Más de su travesía vio de nuevo al sol alúmbrale en otra tierra. Munantoto que vienen siendo nuestras tierras.

Esta es encunia lemba Sao, el árbol grande de la distancia, el tronco mayor, "nfindo" el monte la misma {nani ntoto} la tierra bendita, la distancia que no es lejos, ya que está más cerca de nosotros viviendo la historia repetida. Trascendencia del ayer, el pasado viviendo un presente si, ese soy yo el tronco mayor de los Siete Reinos Congos, Bacongos, Mani Congos, Loangos, el tigre engo regido por Mambe "sambe" Dios, sambienpungo sucu cururú munan sulo, sucururu, munantoto Dios del cielo y la tierra y sus enpungos emisarios de Nsanbi nuestro creador

"**Ese** soy yo", encunia lemba Sao, el tronco mayor, que de mis semillas se crearon los montes, soy el congo que la pisada trajo un gajo, una rama, fruto de lo que soy, ese soy yo", ancestro de los ancestros, npungo enkita, espiritu que rige camino donde termina el camino haciendo camino, palo monte "África" rugir de fieras repicar de tambores mitología de religiones historias vivas; legenda de dioses; refugio de la fe; pueblos culturas, costumbres, seguimientos, rituales de ofrendas; tributos a dioses {enpungos espiritu superiores} deidades, potencias reinos unidos por la fe.

"Si ese soy yo," el ayer el hoy y el mañana del que de mí se apoyáis, ese soy yo", el bastón en que apoyarte cuando de mi necesita.

"Si ese soy yo," la leyenda viva que no muere por que vivo soy del que en mi vive en fe.

"Si ese soy yo" que de mi repicar de los tambores vibro corazones para los creyentes.

"Si ese soy yo," la magia viva, lo invisible para el que me quiere ver y siente mi presencias, estaré a su lado.

"Si mis hijos, ese soy yo," el Monte nfindo en congo, los siete reinos congos en representación de "Sambian Enpungo "Dios"mamguito nsabi liri

"Ese soy yo", el pez grande de los mares la mboma, la serpiente que deja huella para el camino.

"Ese soy yo", la semilla que da fruto de fe soy "engo" el tigre que dejo sus huellas en ti", si en mi creyeras" el pasado" el, presenté el futuro.

"Ese soy yo", el legado la herencia de la sabiduría para el que en mi creyera no este solo.

"Ese soy yo", el mensajero, el emisario de Sambia Npungo (Dios) en regir caminos.

ÍNDICE EL OFICIO CONGO

Sala malecun, soy gangulero, recorrido del tiempo, la magia de la brujería de Palo Monte Mayombe, Encunia Lemba Sao, Enfinda, Cunan Finda. Engo {el tigre} Mambe {Dios} y vuela mayimbe, los Siete Reinos Congos Bacongos, Mani congo y Loangos principio de la jerarquía religiosa del Panteón Congo. Tambores que en su repicar, el congo baila en un solo pie, mas ríe a la vida dejándonos su riza su legado religioso como la semilla de de fe del pasado para el presente sea el fruto del futuro dendre de esta religión de Palo Monte Mayombe.

Derivados del cimiento principios y costumbres que remontan el tiempo de la historia viviente del pasado, las huellas del presente, seguimientos de credos de la mitología africana; que dentro del repicar de los tambores, el eco todavía sigue vibrando corazones de los fieles creyentes. Sala malecun Cuadrilla Congo, Bocanyula Enganga. Los siete reinos congos, bacongos, mani congos, loango Waculan Congo bantú suaco.

SALA MALECUN

Tal vez se preguntaran lo que quiere decir fondo de canasta, tal vez se pueda decir pues el fondo la canasta; pero en la religión de Palo Monte es el principio de la macuta, la wanga, la mula, la ganga los receptáculos sagrados de la religión de Palo Monte Mayombe, lo cual también se le suele llamar quinto piso Chamalongo; ya que nada nace de arriba para abajo como algunos que se creen que nacieron en el cielo o que son los npungos en personas. Ya que en este oficio congo vivo hace pacto y tratado con el muerto enfunbe no enfunbe viena hacer pacto con mundo de vivo.

Por lo cual en mi análisis de ver, que nosotros somos instrumentos solamente de los Dioses, Deidades, Orichas y enpungos regidos por la fuerza universal luz y vida. Ellos, los enpungos espíritus superiores solo hacen de regir nuestros destinos como el plano invisible de fuerza luz obvio ser divino nuestro creador. Por lo tanto, quiero dar un comienzo del oficio congo que llevo por más de cincuenta años vengo ejerciendo.

Primero para hacer un casa, se hacen los hoyos, se hace la asapata, se hace la base de la fundación y luego se hace el piso para terminar la casa. Pues así es este oficio de montar los baculos sagrados lamados la mula, la wanga, quinto piso, fondo de canasta, la mula, la macuta, la ganga, la prenda, imagínense cuantos nombres tienen estos receptáculos del altar congo y todavía faltan mas. Mas ya todos son tatatatata, lo cual en este manual es mi vida como gangulero dentro de este Oficio Congo. No libritos de cuentos de hadas sin saber de donde es que el cobo saca la manteca y Casimiro espanta la mula, wisa que viento me lleva sala malecun y vamos pal rio que hay arena.

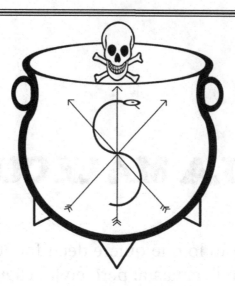

Fondo De Canasta - La Macuta

Quinto piso en donde este altar congo, si tiene cinco piso; el en lo cual se construlle desde el cimiento; ya que estos baculos sagrados sus receptáculos son mundos en miniaturas donde la tierra de los vivos hace pacto y tratados con la tierra de los muertos. A estos baculos sagrados de la religión de Palo, los viejos ganguleros les llamaban; La mula, la wanga, la macuta, la nkisa, la ganga y la prenda; pero todas tienen su fórmula, trazos, tratados, elementos, aguas, tierras, palos, bejucos, mataris {piedras}, monedas, oraciones, firmas convenio, por eso es un mundo en miniatura y así es el oficio Congo.

SOY GANGULERO

El Oficio Congo – Sala Malecun
Guiza Que El Viento Me Lleva

Hermanos de la fe, si dentro del andar, el recorrido son huellas dejadas que marcan el camino del existir, recuro a la fe dejada de mis pasos, para portarlas en estos párrafos de huellas del ayer, caminos andados en fe viva, en el marcapaso de la vida, ya que el alimento del alma esta en llenar el anhelo del alma para ampliar el entendimiento de lo que se vive. Los cuales, son desafío de choques, pruebas y desbalance de dudas del existir humano, la batalla entre la duda y la fe para crear la fe.

Para completar las existencias en la peregrinación, conlleva vivirla para poder contarle, que es el tiempo y las experiencias vividas de la peregrinación misma dejada del existir de nuestra peregrinación. Por lo tanto, el marcapaso de mi vivir es lo que encontraran en estos párrafos de fe. Dentro del oficio Congo, la religión de Palo Monte, Encunia Lemba Sao, Enfinda, Cunan Finda y el repicar de los tambores africanos, que su eco melódico **repica** en los corazones de los fieles creyentes de este legado religioso de la religión de Palo Monte. Los siete reinos congos, bacongos, loango, guaculan Congo.

Por lo tanto hermanos de la fe, demás está decirles, que la fe hace milagros y puede traspasar la montaña que separa la verdad de la mentira. Es donde se encuentra la sabiduría que mata la ignorancia del que aprende de lo que en sí, es este oficio Congo de la brujería, la muramba, los **encangue**, los kimbinbasos, los bilongos y entrar a donde Casimiro espanta la mula. Es donde se Simba se arrea fula {pólvora} y se llega lejos a donde yo los quiero llevar a donde el cobo {el caracol} saca la manteca cuando se aprende bien este oficio Congo.

Sala Malecun Sambia Npungo
Me Los Cutare {Dios los bendiga}

Templo Lucero Mundo
Taita Npungo Casinbi Masa, Zarabanda Vira Mundo

Enpanguis (hermanos), si dentro de este símbolo de fe creada mis huellas, serán la enseñanza de lo vivido, el marcapaso de medio siglo, canas que marcan las huellas, que como engo (el tigre) marco el territorio de este legado religioso de Palo Monte. Es la misma historia viviente de los Siete Reinos Congos, Bacongos, Mani Congo, Loango y Guaculan Congos. La leyenda viva de mambe y la mboma (la serpiente), que dejo las huellas al cruzar los mares en donde comienza el cimiento de Mayombe, Brillunba y Kinbisa, Cumacuende Yaya y Mundo Carili. Es donde se espanta la mula, se arrea fula y se llega lejos en este oficio Congo en donde Congo no es manteca y si es manteca no se derrite. ¡Amen Aleluya!

En estos párrafos, dejo mis pasos andados capítulos por capítulos dentro de esta profesión de Kisi Malongo, (brujito) Cheche Bacheche para dar comienzo de enseñanza de este oficio Congo. Aun más, les dejo saber que estos libros serán cinco, que es una enciclopedia dividida en capítulos y volúmenes para una mejor enseñanza para los futuros ganguleros. Consejo de sabio, ganancia para el futuro en esta religión de Palo Monte Mayombe, Encunia Lemba Sao, Enfinda Cunan Finda.

Engo Siete Rayos

Sala Malecun Sambia Npungo Me Los Cutare {Dios los Bendiga}

Lista De Libros

Pactos y Tratados Del Oficio Congo

Mambo, Rezos y Rituales De Palo Monte

Palo Monte Brillunba, Mayombe y Kinbisa

Enfinda Cunan Finda Lemba Sao El Oficio Congo

La Muramba Encangue Bilongos (La brujería)

Mpungos Dioses Deidades

NFINDA CUNAN FINDA
LEMBA SAO
EL OFICIO CONGO

PALO MONTE MAYOMBE
SUS DIVERSA RAMAS

CONTENIDO - Preparación Para Pino Nuevo

REGLA DE PALO MONTE – Pasos Para Seguir

* **Registro**
* Preparación
* Presentación de Munansos
* Preparación de Mamba
* Preparación de Cuarto
* Preparación de Enpolo
* Plante de Congo
* Sarango – Limpieza
* Preparación de Endunbo (cuerpo)
* Ensalmo a San Louis
* Cantos de Iniciación En Diversa Ramas
* Signo trazos firmas
* Baños sagrados de Palo monte
* Ingredientes Necesarios Para Una Iniciación
* **Nombre de Pino Nuevo (Enguelló)**
* Mambo de Palo

* Oraciones de Entrada
* Cuenda Munansos
* Iniciado Reglamentos
* Vocabulario Bantú

Sala Malecun El Oficio Congo Sambia Npungo
Me Los Cutare {Dios Te Bendiga}

SOY GANGULERO

Ma Wisa Que Viento Me Lleva
El Oficio Congo - Sala Malecun

Sala Malecun - El Oficio Congo
Simba que nos vamos simba

La vida de un gangulero, el camino, el principio, la fe que une lo creado al creer de acuerdo a su devoción de su preferencia. Mas al hacer mención, soy gangulero, es la palabra correcta en cómo se le llama en esta religión a los Paleros, Ganga, Mune, Brillunberos, Mayombero, Kinbinseros, Tatas (padres), Enfangas Cheche Bacheche Kisi Malongos (brujos).

De la mitología Africana de este legado de los Siete Reinos Congos, estas páginas marcan mi vida dentro de esta religión de Palo Monte en el llamado de ver y que tanto de la enseñanzas y lo primordial para matar la ignorancia en que aprender es de sabios.

EL OFICIO CONGO

ENCUNIA LEMBA SAO NFINDA CUNAN FINDA

Como todo en la vida, todo tiene una formula secretas y los ingredientes que componen esas formulas. Igualmente en las religiones, tienen sus rituales, ceremonias, costumbres y origen y secretos, que a través del tiempo, hay que llevar sus reglas, seguimientos de un pasado, transformado a un presente; que debemos seguir conservando religiosamente para vivir de acuerdo a la propia existencia.

No alterando la base, la esencia de la religión de Palo Monte Mayombe, que a través del tiempo, se ha venido ejerciendo en toda parte del mundo en señal de la fe de este legado religioso. Aun mas, es de admiración dentro de lo que se llama fe, donde se fundó la semilla de la fe del Panteón Congo, Enfinda, Cunan Finda, Lemba Sao y de los Siete Reinos Congos. Los Maní Congos formaron los Siete Reinos Congos y dieron la esencia a este legado religioso que encierra tanto poder en lo que cabe el alcance de este legado religioso del Panteón Congo.

Sala Malecun El Oficio Congo Sambia Npungo
Me Los Cutare {Dios Te Bendiga}

Como Tata facultativo, con miles de personas iniciadas, rallados padres, bocanfulas y yayas por todas partes del mundo, viendo la necesidad la **escasez** de información referente al oficio Congo y la confusión existente, por la cual, está pasando nuestra religión. Me place dar un paso adelante, con licencia de todos los bacanyula enganga, con licencia de mi wanga, de enfunbe mi ñampe yinbi, con licencia de Sambia Npungo (Dios) sobre todas las cosas. Licencia de Sambia Sucucruro munan sulu, munan toto, con licencia todo Enfunbe que cuenda Enfuiri fua, {muertos} con licencia todo lo Tata, Tatangui, mi enpanguis.

Primero Sambi Simbiricu y después de Sambi Simbiricu (primero Dios que todas las cosas).

Sala Malecun, El Oficio Congo Sambia Npungo
Me Los Cutare {Dios Te Bendiga}

Yo quiero dejar saber claro, que lo que encontraran en este libro y Manual de Enseñanza, es un tesoro y un jardín, que he cautivado por muchos años de experiencias que no han sido en vano en este oficio Congo. Al contrario, me han servido para hasta el día de hoy para estar parado, vivito y caminando.

Pues el oficio de Brujo, no es nada fácil. Son misterios y secretos, que si no se aprenden bien, te mandan a los muertos (para la tierra de los calvos). Ejercer este oficio de brujo, son navaja de dos filos en un mundo donde probar fuerza está de moda dentro de esta religión de Palo Monte.

Como cuna finda (el monte) tiene espina y si no se sabe caminar te pueden hincar si no se aprende bien este oficio Congo. Por lo tanto, cuidadito no te hinquéis, que es necesario que aprender bien el Oficio Congo para llegar a ser Malongo Cheche Bacheche.

Sala Malecun El Oficio Congo Sambia Npungo
Me Los Cutare (Dios Te Bendiga)

PALO MONTE MAYOMBE

Brillunba Kinbisa
Regla De Palo Monte

Del Continente Africano, un mundo de misterios, ritos, creencias religiosas, un pasado transformado a un presente, emigrando como las aves, que transportan las semillas, hacia otras tierras, es que comienza mi historia viviente. De la cual, les quiero enseñar el modo de función de este oficio Congo para los futuros padres engangas, sea sacerdotes de la religión del Congo Palo Monte Mayombe.

Palo Monte, Palo Mayombe, Nfinda Cuna Lemba, Lemba Sao, la Regla de Palo Monte, en la cual soy uno de los Sacerdotes y Tata, que por mis experiencias recorriendo diversas reglas, munansos (casas) Congo, estudiando, practicando, ejerciéndolas por tantos años con fe y devoción. Me encuentro facultado y experimentado por los mayores de las diversas ramas dentro de lo que es la escuela del los kisi malongos ganguleros, brillunbero, Mayomberos y kinbinseros (brujos).

Sala Malecun El Oficio Congo Sambia Npungo
Me Los Cutare {Dios Te Bendiga}

Gracias a Los padres y tatas, que de las prácticas originales en el Continente Americano, son la base trascendental de mis habilidades, que como herencia que se transmite de padre a hijos, hemos venido ejerciendo atreves del tiempo. Estas son historias que se vienen repitiendo sin variación desde su fundación hasta nuestros días.

Encunia Nfinda, Lemba Sao, palo monte, sus raíces siguen dando frutos como "emboma," (la serpiente) que deja huellas por donde quiera que pase. Se convierte en Ensinga (el pez) grande de los mares para depositar las semillas sobre la faz de la tierra en donde nacerían nuevos árboles llamados pinos nuevos que se seguirían esparciendo. De esa manera, han ido creciendo las diversas religiones del Palo Monte, Mayombe Brillunba y Kinbisa y mayombe en donde cada día tienen más fíeles devotos. Su historia se sigue repitiendo por obra de Sambia Npungo (Dios) y de todas los mpungos y deidades que componen esta religión de Palo Monte y sus reglas.

Sala Malecun El Oficio Congo Sambia Npungo
Me Los Cutare (Dios Te Bendiga)

Quiero que sepan mis enpanguis (hermanos), bocanyula y enganga, que la regla de Palo se fundamentó a través de las sociedades secretas, cabildos y barrocos de todos los congos que fueron traídos en la trata de esclavos para el año 1600. Es donde se vieron forzados por los amos, utilizando sus cuerpos en los quehaceres diarios y doblegando sus cuerpos, pero jamás sus creencias religiosas.

Así se formaron las diversas ramas, las cuales tendré el placer de describirles tal como se desarrollaron en Cuba para seguir su curso trascendental en los Masaco, Ñañigos, Abacuases, Mayomberos, Paleros, Lucumí, Omo Orishas y Santeros, que vinieron juntos en la trata de los esclavos y no fueron exclusivamente congos.

Todos tenían sus creencias diferentes, sus lenguas, ritos y culturas originadas en el Continente Africano. Para poder sobrevivir juntos y formar las diversas sociedades secretas, se unieron en la fe religiosa, la cual hoy se pretende separar. Pero, a todos ellos los trajeron juntos y la fe no murió. Al contrario, se unifico en fe, dando rienda suelta para sembrar la semilla, de la cual recogemos los fieles creyentes de la religión de Palo Monte. Así es mis enpanguis y aburres (hermanos).

Sala Malecun El Oficio Congo Sambia Npungo
Me Los Cutare {Dios Te Bendiga}

Con todo mi respeto debido, debo decirle a quienes puedan pensar diferente, que las cadenas que los ataron; fueron un instrumento que los reunificó en un abrazo fraternal, para de esa manera, hacerlos partícipes del ejercicio, por el cual disfrutamos de las diversas religiones y **vigentes** en nuestra sociedad.

Para mejor entender, el Encunia (árbol) tiene raíces, ramas, hojas y un tronco, que por mediación de una semilla, produce los frutos que somos nosotros, los fieles devotos de la religión de Palo Monte dentro de sus ramas y reglas, tratados y pactos con el mundo de los muertos. En este legado religioso que une dos mundos en uno, lo físico y lo espiritual, dentro de sus pactos y tratados, que se hacen en la religión de Palo Monte Mayombe.

Las sociedades de emigrantes en las congregaciones y clanes, eran en secreto y costumbres religiosas. Más así, se dividieron debido a las persecuciones y a las leyes impuestas por los amos que poseían los esclavos. Estas leyes fueron creadas para impedir sus ritos y costumbres religiosos, que ellos consideraban primitivas, salvajes y sin cultura.

A pesar de todas las persecuciones, ellos conservaron sus costumbres y rituales por mediación de su fe religiosa. Jamás cedió ante la opresión del mundo civilizado que catalogaba a los esclavos como gente sin cultura primitiva sin comprender que de aquella oleada de esclavos, no eran solos esclavos. Sus principios religiosos estaban bien fundados de costumbres religiosas de un pueblo bien unido y no solo los congos, también los Yorubas que plantaron la semilla de la Santería, igualmente a los congos.

Sala Malecun El Oficio Congo Sambia Npungo Me Los Cutare {Dios Te Bendiga}

Los cautivos de la oleada de emigrantes formaron sociedades secretas, clanes, cabildos, barracos, chozas, munansos y templos, reconfortándose entre sí; aforrándose a sus creencias, aunque perseguidos y azotados como animales, doblegaban sus cuerpos, pero jamás su fe. Su origen religioso, esto es de admiración, que nuestros antepasados conservaron sus secretos religiosos, sus orígenes trascendentales, ritos, culturas y así transportarlas a nosotros los creyentes de la religión de Palo Monte, Mayombe Brillunba y Kinbisa.

Incluso, los que poseemos las virtudes, dones de enseñanzas y poderes, adquiridos de nuestros ancestros, por los cuales, fueron catalogados como salvajes y primitivos por quienes no los comprendían en el modo de sus costumbres religiosas, que son la semilla del pasado y el fruto del presente. Sin embargo, con el tiempo que es el mejor testigo, todos los perseguidores que tanto criticaban a los nativos africanos, se enteraron del poder de las curaciones. Mas de aquellos pueblos civilizados, que a los esclavos los catalogaban de salvajes y primitivos por la fe religiosa, que ellos juzgaban como primitivas.

Es tan así cuando el conocimiento científico presenta sus limitaciones y las esperanzas están pérdidas, entonces, Nfinda, Cunan finda, Lemba Sao, Palo Monte y Palo Mayombe les da las soluciones y curaciones a tantos males que aquejan la faz de la tierra, nani entono {la tierra bendita} donde enfinda {el monte} da la vida a través de pititis {hierbas} Encunia {árboles} y palos donde se refugia el oficio Congo.

Sala Malecun El Oficio Congo Sambia Npungo
Me Los Cutare {Dios Te Bendiga}

Esto poderes, enpanguis {hermanos} del oficio Congo, se adquieren a través del tiempo con experiencia, dedicación y una completa asimilación que marche en armonía con la genética inherente a los orígenes y **abericola** son correspondientes a la mezcla de los mulatos criollos y mezclas de africanos.

En muchas islas del Caribe, sangre **aborigen** africana, trigueña, mulata, jabada y blanca. Pero, siempre con una pinta correspondiente a la genética de nuestros ancestros que nos trajeron este legado religioso. En regalía de una vida espiritual, llena de misterio que encierra la regla de Palo Monte y sus diversas ramas, que hoy en día conocemos como Mayombe, Brillunba y Kinbisa, Encunia Lemba Sao, Enfunda, Cunan Finda.

Es mi deseo exponerles las revelaciones de ese mundo de misterios que he practicado por tantos años. Aunque que soy Boricua de pura cepa, he recorrido los caminos religiosos desde mi niñez. Como estoy consciente de lo que han hecho otros hermanos caribeños y de otros lugares que ponen en alto el estandarte espiritual de la cultura religiosa de sus ancestros.

En mi vida como Palero y Santero, los misterios, los Sances, la comisión Haitiana, el Rada y el Petro que vienen a constituir el amor Haitiano cesta Vudú y Petro Laos; que dentro de sus misterios se asimila al Palo y la Santería. La esencia de la vida espiritual, es el espíritu, sea deidad, entidad, npungo, ñampe, enfumbe, abátales y potencia son todos iguales ante el mundo de Sambia Npungo (Dios).

Sala Malecun, El Oficio Congo Sambia Npungo
Me Los Cutare {Dios los Bendiga}

De esta historia viviente, es que se repite por obra de "Sambia Npungo" (Dios) a manera de un nuevo renacer. Como si el tronco mayor de los Siete Reinos Congos; loango, mambe, engo, Mani Congo, Bacongos, bantú, Suaco y Carabalí Congo reales arara, reviviera sin importar que sus ramas hayan sido cortadas como un pájaro herido que levanta su vuelo para llegar a otra tierra y formar su nido.

Por la historia y legendas que la **estirpe** africana, afronto tempestades, surcando los mares en las naves esclavizados, apretujados como animales por las inclemencias de sus opresores que hacían de aquel pueblo africano, esclavos en mercadeo de bienes en la treta de los esclavos. Fue como arribaron esa oleada migratoria para luego convertir sus creencias en nuestras creencias. Así de admirable es esta religión de Palo Monte y de Yoruba, de la cual soy Omorisha (Santero), Palero y Espiritista.

Fue entonces, cuando en el nuevo mundo se ven en la necesidad de formar cultos religiosos, secretos, clanes cabildos, congregaciones, munansos congos, sea templos y iglesias para preservar sus creencias. Al fin, dejar un legado a la posteridad religiosa y al dejar establecido lo que actualmente que conocemos como: La Regla de Palo Monte, Nfinda Cunan Finda, Encunia Lemba Sao, Coma Cuende Yaya, Mayombe Brillunba y Kinbisa quien vence batalla y sus diferentes ramas Vititi Congo, Guinda Vela, los Musandi, los Sacara Empeño, los meteoros en si todos brillunba, mayombe y kinbisa. Coma cuende yaya la regla de Palo Monte.

Sala Malecun, El Oficio Congo Sambia Npungo Me Los Cutare {Dios Te Bendiga}

De las etnias religiosas del Continente Africano, los esclavos trajeron consigo las herramientas de sus culturas y costumbres religiosas, obtenida en las diversas tribus a que pertenecían en sus lugares de origen. Mas, no les fue difícil por su fe, repetir su historia y tradiciones en las islas del Caribe, especialmente en Cuba. Es donde formaron sociedades secretas para mantener viva la llama de su fervor religioso y como consecuencia, estos son los fundamentos de nuestra religión del Congo que se propago rápidamente por todo el Continente Americano.

También, en la oleada migratoria a la que fue expuesta el pueblo cubano, que siguió esparciendo la semilla de la religión de Palo Monte y también la Santería en el Continente Americano para seguir su curso de crecimiento la religión de Palo Monte. Fue una diversidad de tribus que contribuyo a establecer las diferentes características religiosas que conforman la unidad monolítica, que hoy se conoce como la religión del Congo, sea Palo Monte, Encunia Lemba Sao, Enfinda, Cunan Finda. Estas diferentes tribus son: Congo Suaco, Congo Carabalí, Congo Bantú, Congo Loango, Congo Musandi, Congo Angola Congo, Kisi Congo, Ganga, Maní Congo, Congo Guinea, Congo Arara, Lucumí, Congo Real y muchas más que arribaron a la isla de Cuba.

Estos forzados emigrantes contribuyeron al renacimiento de los cultos Abacua, Ñañigos, Masaco, Mayombe, Orishas y todas las diversas reglas de Palo Monte que son la herencia de mis enpanguis (hermanos). Omorisha, de la perla de las Antillas Cuba, que por esfuerzo se ven obligados a abandonar su isla de Cuba trayendo las diversas religiones. Ache que Sambia me los Cutare (Dios los Bendiga).

Sala Malecun, El Oficio Congo Sambia Npungo Me Los Cutare {Dios te Bendiga}

Mis enpanguis, aburres (hermanos) de la religión, quiero que sepan que el monte no se compone de un solo palo. Monte tiene espinas y bejuco que enreda palo. En los Misterios hay que aprender a cortar palo, porque ganga no es tonta. Son navaja de dos filos y hay que tener maña para cortar palo caimito, sino los saben cortar la espina mala, te hinca.

Primero aprender a escribir para poder gobernar. Bebe en panales solo puede gatear. Embele (machete) viejo guarda su amo, Tata son Tata, consejo mayor te guía, cana no sale en vano. Aprender no ocupa espacios. Quiero que sepan que hay palo que solo sirve para carbón. Palo que nace joroba, jamás su tronco endereza. Brincando de Palo a Palo sin saber a dónde vas, no se brinca taranqueta (verja), se pueden quedar enganchados.

La religión de Palo Monte tiene sus reglas que nadie nace sabiendo, pero en sí, se puede aprender este oficio Congo de la religión de Palo Monte Mayombe la cual son cosas de magos. Las cuales hay que aprender primero para poder gobernar. ya que dentro de este mundo de la brujería la muramba los kimbinbasos Enfinda, Encunia Lemba Sao, Kindemo (caldero) y los báculos sagrados son mundos en miniatura y tienen tres patas en vez de dos. Son palos mezclados, Ndoki bueno (muerto bueno) y Ndoki Malo (muerto malo). Por eso se dice lo Palos se ajuntan, entonces, quien diambo, diablo soy yo. Amen aleluya

Sala Malecun, El Oficio Congo Sambia Npungo Me Los Cutare {Dios Te Bendiga}

En mis experiencias vividas dentro de este oficio Congo, viajando a través del tiempo de medio siglo, me ha servido en mis practicas para comprender del tiempo que es el mejor testigo de lo que se puede aprender o observar y visualizar dentro de las religiones.

En mis experiencias vividas, en las cuales, me basare para escribir este libro de el Manual de Enseñanzas, el cual espero le sea de gran utilidad para un futuro a los que están iniciados y los que están por iniciarse para dar paso a este mundo lleno de misterios. Es donde el hombre hace pactos y tratados con el mas allá, a través de rituales y ceremonias de este legado religioso de Palo Monte. Donde el mundo de los vivos hace pactos con el mundo de los muertos. Vuelvo a decir arrea la mula Casimiro. Amen Aleluya

La religión de Palo Monte es profunda y misteriosa; encierra los misterios y sus reglas que se deben llevar al pie de la letra. Mi tiempo dedicado no ha sido en vano. Los caminos andados han sido paso "guaso" paso derecho y firme. Aprender el mantenimiento, seguimiento y dedicación a mis creencias religiosas para llegar a la meta y de esta manera como yo, otros puedan llegar.

Al empezar desde abajo, nutriéndose de sabiduría, facultades e instruyéndose bien de la religión de Palo Monte, Brillunba, Mayombe y Kinbisa, Encunia Lemba Sao, Enfinda, Cunan Finda las reglas de Palo Monte. De las cuales, remonta el tiempo pasado en viviendo un presente, que somos nosotros los fieles creyentes del oficio Congo. Así es mis bocanyula enganga, moana Congo, mis enpanguis (hermanos), palo con el negro y el negro parado, así es este oficio Congo.

Sala Malecun, El Oficio Congo Sambia Npungo
Me Los Cutare {Dios Te Bendiga}

Mis enpanguis (hermanos) y futuros ganguleros, bien se sabe hasta los niños saben, que todo Enkueto (Negro) viene de África; pero tenemos que aprender su trascendencias, orígenes y genética para poder descifrar la razón de su existencia religiosa sin brincar el charco y sin haberse mojado antes los pienso se llega lejos por eso se dice que Congo no es manteca y si es manteca no se derrite. Mira que han tratado pero enbele viejo "machete" guarda su Amo y bejuco enreda palo, palo no enreda bejuco

Pues, el hombre sabio se instruye para poder gobernar. Así es la vida, saber no ocupa espacio ni la cabeza les va a crecer más. Al contrario, aprender y nutrirse de facultad espiritual para enseñar a otros en sus caminos de la religión de Palo Monte, Nfinda y Cuna Nfinda es ser sabio dentro del mundo de la brujería, de los magos, los kisi malongos (brujos), ganguleros, brillunberos y kinbinseros que practican esta religión de Palo Monte. Pues, sigamos para ver de donde es que el cobo {caracol} saca la manteca en este oficio Congo donde Casimiro espanta la mula y se arrea fula {pólvora} y llega lejos. Amen Aleluya

Sala Malecun, El Oficio Congo Sambia Npungo Me Los Cutare {Dios Te Bendiga}

Para mi entender y el conocimiento que tengo de las religiones del Palo, Santo y Espiritismo, no les daría un avión a volar a nadie que no sea piloto, pues sé que se va a estrellar y eso han sido errores que se han venido haciendo en el transcurso de esta religión de palo monte Encunia lemba sao, enfinda, cunan finda.

Es por esa razón, existen tantos inventores y profanadores de religiones, que sin haber aprendido sus labores del oficio Congo, al hacer sus labores junto a sus mayores, se han creado porquerías y que a la larga las pagan todos justos por pecadores. Cuando el producto del bien se alterase, pierde la esencia espiritual que encierra los misterios de las religiones de Sambia Npungo (Dios).

Sala Malecun, El Oficio Congo Sambia Npungo Me Los Cutare {Dios Te Bendiga}

Yo Misael, no tengo pepitas en la lengua y puede que existan quienes puedan pensar quien soy yo, pero no hay mayor testigo que el tiempo y las pruebas de lo logrado. Las canas no salen en vano. Las experiencias y las prácticas hacen la perfección. El amor, respeto, devoción y seguimiento que tengo por tantos años con el poder de Sambia Npungo (Dios).y Congo sigue bailando en un solo pie

Soy Sacerdote y Tata de las diversas religiones y Oriate y Espiritista de nacimiento. No inventado, la razón, en la cual, expreso mi conocimiento ganado a través del tiempo vivido en la práctica de las diversas religiones como el Santo, Palo, Espiritismo, Sance, Petro y Rada y lo que guardo en mi arsenal por si acaso suena canon de guángara (guerra). Así es este oficio Congo como si fuera el viejo oeste. El cual siempre tiene sus desafíos. Amen Aleluya

Sala Malecun, El Oficio Congo Sambia Npungo Me Los Cutare {Dios Te Bendiga}

Claro está que la dedicación deja las huellas de facultades, dones y virtudes, que me las he podido ganar con esfuerzo y dedicación por el amor que le tengo a las diversas religiones para yo poder enseñar. Son miles y miles de ahijados los que he iniciado en el Palo, Santo y Espiritismo.

En mi trayectoria, he recorrido diversas ramas de Palo Monte, Kinbisa, Mayombe y Brillunba. En cada ramas, tengo diferentes nombres y es donde me fundamento en cada rama de Palo, aunque tengan diferentes ritos y costumbres por la forma en que se ejecutan vienen a ser ramas del mismo tronco. Ya que la cuadrilla Congo jala garabato y en tierra de vivo saca muerto, aunque no lo crean así. Sí es verdad, saca hueso de la tumba y no te espabiles a ver si no te mandan para la tierra de los calvos y luego te quieren poner en un cardero de hierro; les digo, que así es este oficio Congo, del cual les quiero enseñar. Volvamos a decir Amen.

Mayombe pare a Brillunba Congo, **Brillumba** Engo, Brillunba Lemba y ahí nace Kinbisa, Guinda Vela, Corta Lima, Vititi Congo, Santo Cristo, Musandi Mayombe, Sacara Empeño y muchas más, que igualmente se fundan en Cuba y que están activas vigentes al echar frutos. Por la necesidad de hacer alianzas con otras religiones, para poder sobrevivir a las opresiones en las que se han visto y todos tenemos que decir, "Si mi padre es Mayombe y mi madre es Kinbisa quien diambo soy yo."

Sala Malecun, El Oficio Congo Sambia Npungo Me Los Cutare {Dios Te Bendiga}

Lo que les estoy enseñando, es conocer genéticamente y trascendental los orígenes de los; Siete Reinos Congos de mambe y engo y la alianza de los Maní Congo, Bacongos y Loango para la sobrevivencia de mantener viva la fe que une los pueblos y las religiones, que es la unión de dos mundos el físico y el espiritual.

Es así como Enfinda, Cunan Finda, Encunia Lemba Sao, Palo Monte, juntos es como se expanden a través del tiempo recorrido y no creerse los sábelo todo y pensar que en mi munansos se inicia así o yo lo soy todo. Porque yo me crié en esto creencia, ya que **falsa** de orgullo de grandeza puede hacer ver visiones. Pues, más allá vive gente y son astillas del mismo Palo.

Enpanguis (hermanos), todo tuvo un comienzo en la sociedad secreta que nuestros ancestros fundaron y debemos tener respeto a todas las diversas religiones. Genéticamente, su origen viene del Continente Africano de donde la mboma (la serpiente) trajo sus huellas como guía de camino en esta religión de Palo Monte. Les estoy narrando desde el principio para que así se conozca su trascendencia y origen de esta religión de Palo Monte, Encunia Lemba Sao, Enfinda, Cunan Finda.

Sala Malecun, El Oficio Congo, Sambia Npungo
Me Los Cutare {Dios Te Bendiga}

Por lo tanto enpanguis (hermanos), las religiones son universales y libres a la fe del creyente. No es exclusividad de nadie, ya que el espíritu, Sambia Npungo (Dios) y las deidades son universales, mas de cualquier maya sale un ratón. Solo está en aprender bien el oficio Congo.

En visualizando en mi trayectoria de las diversas religiones, todos quieren ser jefes y caciques; no quieren ser indios, ni soldados, rasos; todos quieren ser generales con cinco estrellas. Se atribuyen galardones y títulos que no les corresponden llamándose Tatas, Padres, Yayas, Madre Engangas, Mariquillas, sábelo todo y ganguleros. Se nombran y se dicen ser que son el Papa de Roma y ni si quiera han llegado a ser monaguillo en sus vidas dentro del oficio Congo que son pasos equivocados.

Sala Malecun, El Oficio Congo Sambia Npungo
Me Los Cutare {Dios Te Bendiga}

Enpanguis (hermanos), el oficio Congo, las enfanga, báculos sagrados, monte tiene espinas, mas para gobernar, hay que aprender a escribir primero. No se juega Palo si no se sabe. Monte tiene espina, cuidadito no te hinque. Para ir a batalla en guángara (guerra), tenemos que adiestrarnos. Pues, soldado preparado vale por mil y con quien sabe nunca se juega. En guángara (guerra y guerra) siempre pierde uno. El que sabe no muere como el que no sabe. Les habla la voz de la experiencia.

El engo (tigre) no se jala por el rabo cuando está dormido y aprender no ocupa espacio. Oficio Congo tiene su maña y son cosas serias. Navaja de dos filos te puede cortar y perro no come perro, hierro no corta hierro y monte tiene garabato. Pero hay que saberlo cortar y como en tierra de tomate, todos quieren ser cocineros. Eso no es así. Bebé en pañales no puede correr, son pollitos para bola (volar), Embele (machete) viejo guarda su amo.

Sala Malecun, El Oficio Congo Sambia Npungo
Me Los Cutare {Dios Te Bendiga}

Tata son Tata por sarasaños (años) y por facultad ganada y autorización de tatangui (abuelos) mayores de las diversas religiones. Títulos ganados no inventados como mucho quieren hacer. En oficio Congo, candela siempre quema.

Más no se olviden, que oreja no pasa cabeza. El oficio Congo es cosa seria y no son juego de niño, que paso "guazo" (poco a poco) se llega lejos. Par poder gobena (gobernar), si aprende bien oficio Congo. Nube siempre está en ensulu (cielo), Cuadrilla Congo vive entoto (tierra), Ntango (el sol), todo lo día sale, a menos que no esté nublado (nublado), pero vuelve alumbra.

Así son cosa del oficio Congo, cuando menos espera, nfumbes (muertos) está presente. Sambia Empungo, Sambia Sucucururo, Munan Sulu, Zarabanda, 7 Rayos, Chola Wengue, Madre de Agua, Lucero, Tiembla Tierra Centella te están vigilando. Los nfumbes (muertos), no comen cuentos, ni relajos y ni cosas mala que está haciendo. Juramento frente a enganga se hace de enchila (corazón), no facenda (falsedad). Las consecuencias son mayores, si no se respeta la religión Palo Monte. Cuna finda (monte) tiene espina, sino te quiere hincar, aprende a llevar su regla para que no tenga condena en lo que se refiere a las reglas de esta religión de Palo Monte.

Sala Malecun, El Oficio Congo Sambia Npungo Me Los Cutare {Dios Te Bendiga}

Si no sabe salir de cuna finda (monte), no te meta muy a dentro sino sabe caminar. Enfinda (monte) tiene misterio. Cuna Lemba, Quinto Piso (cementerio), Enfumbe (muerto) descansan en paz. No haga pacto si no sabe Killumba. Carabela no tiene ensefo (pelo), son tierra de calvo, hueso son hueso y carabela en cuna finda (el cementerio). Cuidadito no te espanten cuando vaya a campo Santo. Cuna Lemba, Quinto Piso (cementerio), primero pedí licencia para cuando tú quieras entrar hacer pactos y tratados. Ya que el que mucho abarca poco aprieta. Para gobernar, hay que aprender escribir primero que son lesiones de la enseñanza.

Oficio Congo no come cuento ni **ferere** mierda ni se bobo. Aun más, cuando Calunga (el mar) se pone bravo, hay que saber navegar. Amarra bien tu Galeón que te lo puede llevar. Cuando ensondi, ganzúa (rió) arrasa con todo, rompe verja y abre camino, pero siempre llega a Calunga (al mar).

Por lo tanto enpanguis (hermanos), poco a poco se llega lejos. Ya ve como son la Cuadrilla Congo. Entoto (tierra) son munansos (casa) de Nsanbi, que Dios le regalo secreto al Congo. Congo es mago y hace como cano macuto (el gato). Entierra la mierda para que la peste no salga. Así son regla de Palo Monte. No confunde la banda con apendeja. Congos no son necios. Siempre guarda su secreto para poderse defender cuando le pisan el rabo.

Sala Malecun, El Oficio Congo Sambia Npungo
Me Los Cutare {Dios Te Bendiga}

Hermanos de la fe, no se cría pollo para que luego salga aura y lo quiera arañar. Los discípulos aprenden que lo querré (quiere) saber todo, siempre se queda enganchad. No sabe de dónde viene, ni sabe para donde va. Palo Monte Ceiba tiene espina y hay que saberla trepar.

Con buena maña se aprende, se corta palo caimito, aunque tenga sus dos cara. A caballo regalad, no se le mira colmillo. Lengua vive entre diente y diente. Mira lo que habla, no diga lo que no sabe. Cuadrilla Congo ríe, pero no es payaso. Carilí (viento) siempre sopla, remolino te puede enredar. Centella no come cuento. Palo Monte Oficio Congo, hay que ser facultativo y aprender es de sabio.

El que dice mentira, siempre a la larga el mene (chivo) alcanza venados. Las porquerías son porquerías y todo sale a la luz de bioco (ojo) de Sambia Npungo (Dios). Entonces, Mundo Garabato, Brillunba y Mayombe te la puede cobrar. Hay que dejarse de apendeja e invento. Palo Monte tiene espina. Kiyumba carabela no tiene ensefo (pelo). Esa es tierra de pelaos (calvo).

En plante de Palo, no se puede jura con falsedad. Religión del Congo cuando menos espera te la cobran toditas. Para gobernar tienen que aprende primero a escribir. Los dichos y refranes son como pullas afiladas para que no se equivoquen. Son consejos de sabios y todo endoki (espíritu) que cuenta enfuiri (muertos). Hay que pedirle licencia, y permiso. Los tatas se respetan. La religión del Congo tiene sus reglas y el que debe pena pague enfinda (culpas). Lecciones del oficio Congo.

Sala Malecun, El Oficio Congo Sambia Npungo
Me Los Cutare {Dios Te Bendiga}

Embele (machete) siempre corta, son navaja de dos filos. Nunca se olviden esto, que en tierra de tomate, todo quieren ser cocinero. Existen Palos que solo sirven para carbón, que son machorros y no pueden dar frutos. Así es Palo Monte. La religión del Congo que hay que aprender bien el oficio Congo y no querer ser lo sábelo todo, sin conocer reglamento del oficio más antiguo.

Para ser Kisi malongo (un brujo), Cheche Bacheche, no se aprende oficio en un día. Bebe en pañales, solo sabe gatear y no hay mejor testigo que el tiempo. Consejo de mayores son ganancias para un futuro.

En los plantes de Palo, en las diversas religiones, se ejecutan diferentes en algunos Munansos y Templos Congo. Por sus reglas, al iniciarse sus discípulos, sea en Kinbisa, Mayombe o Brillunba, pueden variar en sus rallamientos, sus ritos, cantos y preparaciones como les dije anteriormente y les seguiré explicando poco a poco en estas lecciones.

Sala Malecun, El Oficio Congo Sambia Npungo
Me Los Cutare {Dios Te Bendiga}

Yo Misael, soy Mayombero, Kimbincero y Brillunbera, pero para mí, todas son una rama del mismo palo. Pueden practicarse un poco variadas, pero, todas llevan un solo fin religioso. Es de suma importancia conocerlas trascendentalmente para saber el origen, sus cultos, ritos y religión para tener un mejor entendimiento de nuestras creencias y costumbres como se practican en la actualidad.

La fe religiosa dentro de lo creíble, nos une con lo trascendental al vivir sus costumbres, devociones religiosas dentro de ciudades pobladas de las diversas religiones de Palo Monte, Mayombe, Brillunba y Kinbisa. Nos une en un plano terrenal con las entidades espirituales, dioses y mpungos, que es como se les llama a los espíritus superiores en esta religión de Palo Monte.

Aun más, igual a los enfumbe (muertos) y la naturaleza que Sambia Npungo, Sambia Sucucururo, Zambia Liri, Sambia Bilongo y Panguito (Dios), de esa manera, nos proporcionó para que así existieran las diversas religiones, que hoy en día ejecutamos de las grandes ciudades y la faz de entoto (la tierra).

Sala Malecun, El Oficio Congo Sambia Npungo
Me Los Cutare {Dios Te Bendiga}

En mis enseñanzas que les brindo del saber de mis experiencias, hay que ser discípulo primero para luego con el tiempo puedan ser maestros de este oficio Congo. Al aprender no ocupa espacio ni su lucema (cabeza) no les va a crecer más.

Nunca es tarde para aprender mis enpanguis (hermanos).Que Sambia Empungo, Sambian Liri, Sambia Sucucururo, Ensasi 7-Rayos, Chola Wengue, Coballende, Cumaneco, Pati Llaga, Baluande, Madre de Agua, Lucerito, Tiembla Tierra, Gando Batalla, Mama Kengue, Mundo, Mundo, Centella Wirindinga, Viento Malo, Mburumfimda, Sarabanda y todos enfumbe y mpungos me lo cutare (me los bendiga).

MANUAL DE ENSEÑANZA DE OFICIO CONGO Y RITUALES

Estos báculos sagrados vienen siendo los altares congos de la religión de Palo Monte, Encunia Lemba Sao, Enfinda Cunan Finda, por los cuales los fieles creyentes de este legado religioso depositan su fe. Mundos en miniatura en donde los vivos hacen pactos con el mundo de los muertos a través de pactos y tratados receptáculos de un mundo lleno de misterios, principios, clanes y tribus; que de los Siete Reinos Congos Bacongos, Loango y Maní Congos reunificaron la gracia de su fe.

Costumbres establecidas de un pueblo religioso donde engo (tigre} dejo sus huellas para marcar territorio de su poder donde Mayimbe y el aura rindió la reverencia del convite aura. Es donde nacen Mambe y Ngando {el cocodrilo} secretos del pasado caminos del presente; la macuta, la mula, la wanga nkisi, los fundamentos de los báculos sagrados y los altares congos.

WANGA NKITA
LAS PRENDAS (GANGA)

"Simba" Vamos PAL río que hay arena. Casimiro espanta la mula.

Lucero Nkuyo Ndoki

Estos fundamentos báculos sagrados, algunos están en el proceso de preparación para ser recibidos por los futuros ganguleros; Incluye a Siete Rayos, Lucero Mundo, Madre de Agua y Sarabanda. Construidos por el Tata Sarabanda Mala Fama, Templo Lucero Mundo, Taita Npungo, Casinbi Masa, Padre Chola Calunguera.

Sala Malecun, El Oficio Congo Sambia Npungo
Me Los Cutare {Dios Te Bendiga}

FUNDAMENTOS ALTARES CONGOS ENSASI SIETE RAYOS Y LUCERO

Estos báculos sagrados de la religión de Palo Monte Encunia Lemba Sao, Enfinda, Cunan Finda, receptáculos de los altares congos, mundos en miniatura y poderes del más allá que son fundamentos que marcan la historia viviente de este legado religioso. Principios de fe y seguimientos de la magia que encierra esta religión del Panteón Congo y la historia viviente del acerque de sus huella, marcan la vida de los fieles creyentes de esta legado religioso.

Dentro del pueblo de fe de la cuadrilla Congo y el repicar de los tambores, no dejan de sonar en señal de fe dentro del eco melódico de los fieles creyentes. Se apoyan del bastón de soporte de los dioses, deidades y mpungos que rigen nuestros destinos en acuerdo de los tratados y pactos del mundo de los vivos y el mundo de los muertos.

BALUANDE MADRE DE AGUA

Sala **M**alecun El **O**ficio Congo

De estos fundamentos de Baluande Madre de Agua, báculos sagrado de la religión del Congo esta Nikita **Empungo**, emboma masa y diosa de los aguas de mares. La representación que marca la historia de esta diosa en todo su esplendor, del cual los fieles creyentes les llamamos Madre de Agua (la calunguera). Es la potencia de la leyenda viva, representante de la vida misma, madre creadora, vientre unión y potestad divina del Panteón Congo.

Es donde comienza la historia el cimiento de los Siete Reinos Congos, principio que dio forma viviente a la fe de aquellos pueblos, costumbres de los Mani Congos, Bacongos, Loango y Guaculan Congos, en donde nace y se creía el engo (tigre) y Mayimbe (el aura tiñosa) que ve del cielo {ensulu}. El principio de Mambe (Dios) dentro de la fe postrada de sus creyentes en el Santoral de Palo Monte, Encunia Lemba Sao, Enfinda Cunan Finda y la regla de Palo Monte.

Sala Malecun, El Oficio Congo Sambia Npungo
Me Los Cutare {Dios Te Bendiga}

Enpanguis (hermanos) de la fe, estas imágenes representan los rituales del oficio Congo en todo su esplendor de acuerdo a este legado religioso de la religión de Palo Monte Mayombe.

Al lado izquierdo, lo que ustedes pueden apreciar son los preparativos para la iniciación de iniciar los pinos nuevos. Al lado derecho, se está realizando el tripeo de las plantas (pititas) para preparar la mamba agua consagrada para los oficios de los rituales de la religión de Palo Monte, Encunia Lemba Sao, Enfinda, Cunan Finda y el oficio de los Kisi Malongos (brujos, magos) de esta profesión.

Esto se conllévale conocimiento del cual les quiero ayudar con mis experiencias de medio siglo en las diversas religiones de Santería, Espiritismo, Palo, Rada y Petro.

MAMBA MARLOLA

 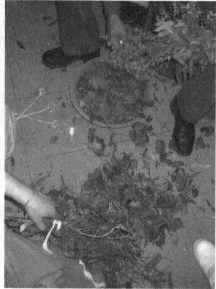

Sala Malecun, El Oficio Congo Sambia Npungo
Me Los Cutare {Dios Te Bendiga}

Enpanguis (hermanos), la fe de la religión del Congo, estos procedimientos de obras forman parte de los rituales de como se laboran para realizará la función de incitamiento en donde el Tata, Bocanyula, Mayordomo y Enfanga tripean las plantas haciendo cantos mambos para todo ritual.

En este caso, la mamba siempre en orden y paso por paso con una vela encendida como Loango y Guaculan Congos en descendencia buena en que los Bacongos, Mani congos y Loango marcan la sabiduría de cada misterio dentro de cada ritual de esta religión del Panteón Congo. Es donde los vivos pactan con los muertos, algo que va más allá de más allá. Santo Tomas, ver para creer.

Al otro lado, ya terminado el ritual el mamba agua consagrada. Mariola se le hace un trazo signo con esperma de vela para darle término a esta agua para la consagración. Más no quise decir, que otros tengan otros modos de preparación de acuerdo a sus munansos Congo (Templos).

PREPARATIVOS DEL RITUAL

Sala **M**alecun **El O**ficio Congo

Este ejemplo vivo de estos rituales, es donde yo le doy el término echándole humo de tabaco, ron y Agua Bendita a la mamba agua consagrada para los inicios y los baños de purificación como Sambia Npungo (Dios) lo manda. Dentro de estos rituales es como se prepara el Templo para un convite Congo. Yo soy Kimbincero, Brillunbera y Mayomberos, pero sigo las reglas de acuerdo a la enseñanza de mis mayores.

Lo más importante es mantener sus raíces de acuerdo a este legado religioso de los Siete Reinos Congos, Bacongos, Mani Congo y Loango. Engo {el tigre}, aunque muerto, vive dejando huellas y la vos de nuestros ancestros sigan diciendo Guaculan Congo, Mambe, Dios, Santo Tomas, ver para creer y que

Casimiro siga espantando la mula y Congo siga bailando en un solo pie y se arree fula {pólvora} y se llega lejos. Tierra Congo no es manteca y si es manteca, no se derrite. De acuerdo a este legado religioso. Amen

Preparativo De La Mamba

EL YAMBOSO - AGUA GONGORO

Este otro procedimiento es un ritual es de suma importancia. La agua Gongoro es la medicina del Congo que lo cura todo y saca los males y da la protección a los recién iniciados, un brindis de salud y protección en acuerdo a las reglas de Palo Monte en algunos templos {ensos} cabildos. En mi caso, el Yamboso (agua Gongoro) le doy de comer en su preparación. Esta bebida se prepara con ron, ahíjese pimienta y hinjibre con lo cual se rosea la ganga, prenda y los báculos sagrados dentro de esta religión de Palo Monte.

Las prácticas pueden variar y con respeto a los Tatas y Bocanyula, Enfanga, Moana Congo, ya que cada rama de esta religión de Palo Monte puede variar. Razón por la cuales expreso mi respeto, pero cada rama hace sus rituales de acuerdo a lo que le enseñaron sus mayores. Más dejo saber, que aprender es de sabios que es lo que mata la ignorancia.

Sala Malecun, El Oficio Congo Sambia Npungo
Me Los Cutare {Dios Te Bendiga}

YAMBOSO - AGUA GONGORO

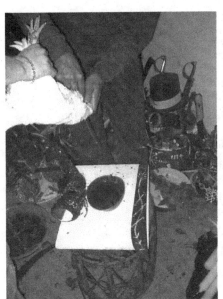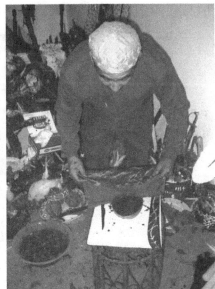

Sala malecun el oficio Congo

Enpanguis (hermanos), ya preparado el templo y el cabildo (munansos Congo) y se traza la firma de acuerdo al ritual que se va a realizar para auspiciar la ceremonia como ustedes pueden apreciar los símbolos sagrado marcado. Trazos que dentro representan el poder que ejerce cada ritual y Empungo espíritu superior en los momentos debidos para regirse de ellos.

Mas dejo saber, que cada templo Congo marca de acuerdo a lo que le han enseñado sus mayores como gangulero sea Kinbinseros, Brillunberos o Mayomberos. Aquí está la confusión de que jamás han visto los rituales de otra rama ni las han practicado. Cada rama de la religión tiene sus reglas, costumbres orígenes del cimiento de fondo de canastas en los báculos sagrados y sus formulas de ejecutar las iniciaciones. Mas por eso no quiere decir, que otras ramas gangueros paleros no las hacen correcta, ya que este mundo de de los kisi molongos está invadido por sábelo todo sin saber nada.

Por lo tanto, al otro lado, ustedes verán dos personas paradas como estatuas, pero son humanos, que con sus ojos vendados, se están preparando después de estar arrodillados para los baños, "chechere emboma que vamos allá," para ser iniciados en esta religión de Palo Monte. De la cual lo más importante es tener la morar y frente en alto dentro del concepto religioso, ya que las religiones son universales y no tienen dueños como muchos se lo vienen creyendo.

TRAZOS FIRMAS DISCÍPULOS

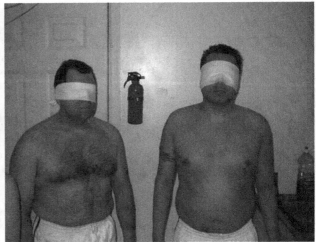

Enpanguis (hermanos) en este oficio Congo, todo tiene su procedimiento de acuerdo a los pasos a seguir dentro de cada ritual. Algo que hace de esta religión y algo tan lleno de misterios que nunca se termina de aprender a fondo de canasta y sus legados religioso. Están llenos de misterios de los cuales siempre una buena lección de enseñanza abre puertas en este oficio Congo de lo que es basado en mis experiencias que hago llegar a ustedes.

En la mano izquierda, me verán bautizando, limpiando y bañando para purificar el endunbo {el cuerpo} antes de la iniciación y momento del ritual en acuerdo a las reglas de Palo Monte. Purificar con las aguas consagradas (la mamba) es dar comienzo al bautismo dentro de esta religión de Palo Monte.

Segundo paso, estoy ensalmando el cuerpo con un crucifijo y albaca Santísima y la oración de San Luis Belcan para que ese cuerpo quede limpio de imperfecciones. Para su entrada a este mundo donde los vivos hacen pactos con los muertos lo cual empieza con el bautismo el exorcismo. Amen

Bendito Andrés facundo Pili y mama Lola Casinbico y Santo Cristo del Buen Viaje con sus ensalmos sagrados, los cuales en mi repertorio del tiempo viven presente como persona religiosa dentro de las reglas de Palo Monte, Kinbisa, Quimbaza Quien Vence Batalla, Encunia Lemba Sao Enfinda, Cunan Finda. La regla de Palo Monte. Amen aleluya y arrear fula {pólvora} y espantar la mula.

BAÑOS DE PLANTAS LLAMADA MAMBA

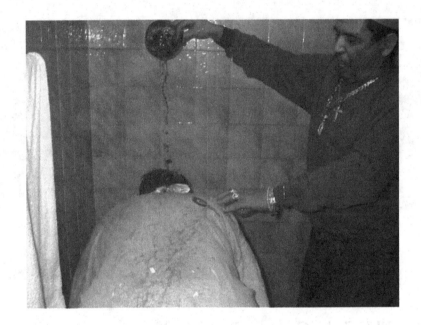

Siguiendo las lecciones paso por paso les traeré un tesoro de sabiduría, de la cual el tiempo marcar el camino que emprenden los practicantes de este legado religioso. Ya que la superación mata la ignorancia dentro de este oficio Congo como yo lo llamo. Amen Aleluya

BAÑOS SANTIGUADOS EXORCISMO

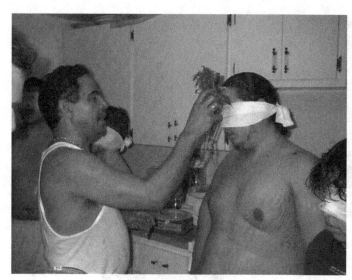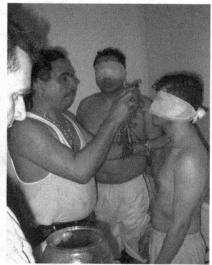

Sala Malecun, El Oficio Congo Sambia Npungo
Me Los Cutare {Dio Te Bendiga}

Enpanguis (hermanos), dentro de los misterio están los misterio de cada ritual, de los cuales les estoy mostrando como ejemplo vivo de lo que en si esta religión de Palo Monte, la que he venido practicando por medio siglo. Al dedicado en mi vida a aprender y estudiar la mitología de las diversas religiones de Palo Monte, Santería, Espiritismo y Vudú para que no me vengan con cuentos de **hadas** de los sabelotodo.

Por lo que ustedes pueden apreciar dentro del ritual de iniciación, ustedes notaran el trazo y signos marcados a los pinos nuevos, Moana Congo y siempre con sus yayas alumbrando con una vela detrás de los que se están iniciándose. Por lo tanto enpanguis (hermano), estos rituales requieren de conocimiento, experiencias, tiempo al tiempo y la calma de aprender este oficio Congo al pie de la letra.

Yo Taita Zarabanda, no le quiero enseñar ni gramática, ni ciencia, ni matemática, solo Palo Monte que es la profesión de los Kisi Molongos. Amen Aleluya

Mambo

Como Sambia te manda, júralo
Como Sambia te manda, júralo
Como Sambia te manda, júralo

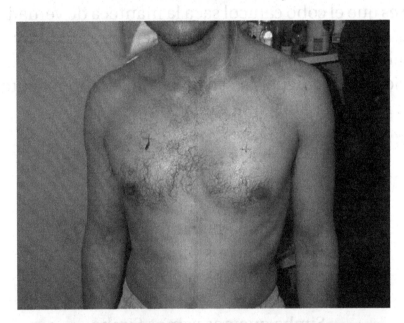

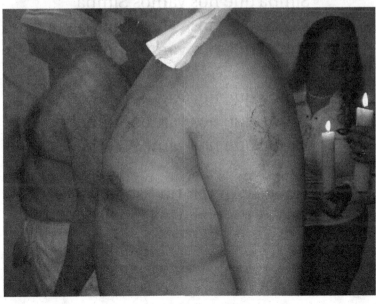

Iniciadas Con Sus Trazos Firmas De Acuerdo A Esta Religión De Palo Monte, Encunia Lemba Sao, Enfinda Cunan Finda. "Sambia" arriba "Sambia" abajo sala malecun

Sala Malecun, El Oficio Congo Sambia Npungo
Me Los Cutare {Dios Te Bendiga}

Hermanos, como ustedes notaran, no es tan sencillo si no se aprende bien este oficio Congo y su función. Lo que ustedes ven en estas fotos, no son inventos ni cuentos de fantasía. Por aquí es donde Casimiro espanta la mula, donde se sabe de donde es que el cobo caracol saca la manteca de verdad. Ya que Congo no come ferere ntufo, {mierda} como se lo viene creyendo mucha gente que hablan de la mierda y no saben de la peste.

En este oficio, el Congo guarda secretos como cano macuto "el gato" que caga y esconde la mierda y luego se canta:

Se Canta

Simba que nos vamos Simba
Simba que nos vamos Simba
Simba que nos vamos Simba

Simba que nos vamos Simba
Simba que nos vamos Simba
Simba que nos vamos Simba

Simba que nos vamos Simba
Simba que nos vamos Simba
Simba que nos vamos Simba

Vamos PAL velorio Estanislao
Vamos PAL velorio Estanislao
Vamos PAL velorio Estanislao

Vamos PAL velorio Estanislao
Vamos PAL velorio Estanislao
Vamos PAL velorio Estanislao

Vamos PAL velorio Estanislao
Vamos PAL velorio Estanislao
Vamos PAL velorio Estanislao

TRAZOS FIRMAS

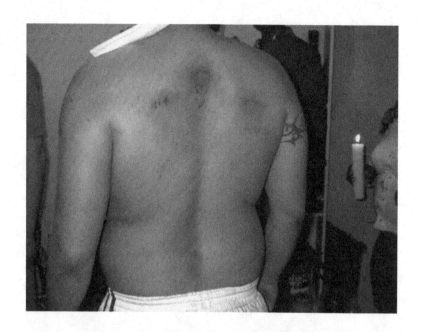

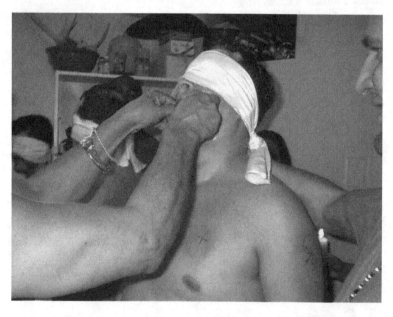

Sala Malecun, El Oficio Congo Sambia Npungo
Me Los Cutare {Dios Te Bendiga}

Se terminado el ritual de ceremonia que se hacen las presentaciones y
terminado estos pasos se procede a abriles los ojos al recién iniciado cantando
primero: hablandole de lo que significa júrale ganga en los altares congos

Mambo

Curuye danos la vista lucero que yo no veo
Curuye danos la vista lucero que yo no veo
Curuye danos la vista lucero que yo no veo

Curuye danos la vista lucero que yo no veo
Curuye danos la vista lucero que yo no veo
Curuye danos la vista lucero que yo no veo

Luego el Tata dice: hágase la luz
Se contesta: y la luz fue hecha

Como ustedes notaran, este crucifijo sagrado de Zambia nuestro Señor
Jesús Cristo, Sambi sucuracu munan sulo, Dios del cielo y la tierra, "manguito"
el símbolo más sagrado nuestro señor Jesucristo el cual lleva tiempo conmigo
dentro de la religión y representa el juramento ante Dios.

Hermanos (enpanguis), es aquí donde se está jurando en esta religión de Palo Monte, cuando es de verdad, enchila (corazón) Congo. Por lo tanto, dejo saber que las marcas de las heridas se cubren con el npolos (polvo) sagrado para sellar el tratado.

El Enpolo Se le Canta:

Enpolo que mata enpolo, ¿que enpolo es?
Enpolo que mata enpolo, ¿que enpolo es?
Enpolo que mata enpolo, ¿que enpolo es?
Enpolo que mata enpolo, ¿que enpolo es?
Enpolo que mata enpolo, ¿que enpolo es?
Enpolo que mata enpolo, ¿qué enpolo es?

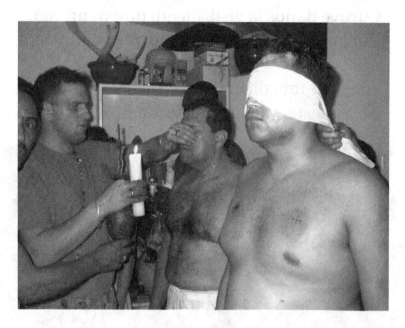

Pemba Sagrada

Enpanguis (hermanos), la Pemba (vela) es sagrada y sin luz no es de descendencia de guaculan Congo, pero cuando el iniciado viene a ver la luz es descendencia buena. Este ritual se hace con los ojos vendados desde el comienzo y solo se abren los ojos al finar del ritual dentro de esta religión de Palo Monte.

Sala Malecun, El Oficio Congo Sambia Npungo
Me Los Cutare {Dios Te Bendiga}

Procedimiento De Los Finales
De La Iniciación
Para Abrir Los Ojos Al Mundo De Los Vivos

Guaculan Congo Santo Tomas - Ver Para Creer

Sala Malecun El Oficio Congo

YAMBAZO GONGORO

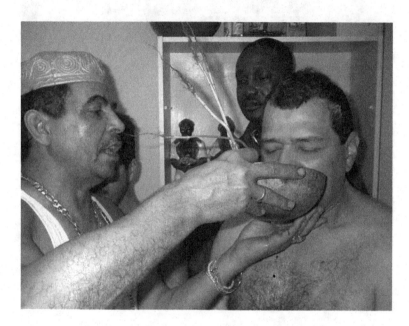

Agua Gongoro Remedio De Los Males

Este brindis del finar representa la vida y la medicina del brujo en contra de los males que la persona pueda tener adentro. Es como si fuera el cáliz, pero esta toma llamada Yambazo (agua Gongoro) que es la medicina de la buena si se sabe prepáralo en esta profesión de brujo kisi Molongo; del lo cual estos datos pueden ser de gran utilidad en este oficio Congo para los futuros gangueros.

Les brindo este manual de medio siglo vivido y canas que no son pintadas, del los cuales marcan los años de antilangas (años pasados). Son huellas que han dejado mis pisadas en este legado religioso y no de cuentos de **hadas** ni historias de caminos sin andar. Mi vida es la de un Gangulero, Santero, Kisi Molongo (brujo) y Espiritista, también, soy Oba Omorisha por más de medio siglo con miles de ahijados.

Sala Malecun, El Oficio Congo Sambia Npungo
Me Los Cutare {Dios Te Bendiga}

RITUAL DEL ENSALMO AL ANIMAL ANTES

Del Sacrificio En La Presentación

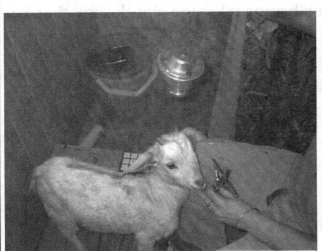 

Del oficio Congo, todo debe estar bautizado. Esta animal que se le va a sacrificar a los báculos sagrados, lo cual las reglas así lo ameritan en cada ritual. Por lo tanto, el primer retrato santiguo al mene (chivo) con un trazo en su cuerpo con sahumerio, hablándole y cantándole, como la ofrenda que se le brindara a los altares Congo en señal del agradecimiento por la ceremonia efectuada del ritual.

Mas luego se le presenta a los báculos sagrados para la ofrenda de los sacrificios en los plantes de Palo Monte, del los cuales, les estoy mostrando su función paso por paso de cómo hacer las obras e rituales de este legado religioso de Palo Monte.

Cada ritual tiene mostrado en la forma en cómo se labora dentro del Oficio Congo. Los rituales sea desde el principio al fin, en acuerdo a este legado religioso, del cual les estoy narrando, paso por paso para un mejor entender de lo que es en sí, es esta religión de Palo Monte dentro de lo que no cabe la duda. No quiero malos entendidos de la forma en cómo cada rama de Palo Monte ejecuta sus labores del Oficio Congo. Ya que buey con buey toditos son manito.

Sala Malecun, El Oficio Congo Sambia Npungo Me Los Cutare {Dios Te Bendiga}

Mis enpanguis (hermanos), este procedimiento de la fe están basados en mis experiencias de medio siglo. Mis canas no son pintadas ni mis huellas de mi legado son de engaño ni mentiras. Vengo practicando el Espiritismo, la Santería, Petro y Rada por más de medio siglo desde antes que vinieran otras religiones a este país. Llegue a esta país en los años miel nueve ciento cuarenta y nueve y nací dentro de los verdaderos brujos y lo sigo siendo por si acaso guángara guerra.

AHORA MINGA VA A CORRER, COMO CORRE

En este retratos, estoy preparando el chivo para el sacrificio de la iniciación, de la cual marca desde el principio al final del ritual. Les mostrare lo que en si es este Oficio Congo y los misterios que encierra para un método de enseñanza justo de acuerdo a este legado religioso de Palo Monte Encunia Lemba Sao Enfunda Cunan Finda.

En esta lista que pongo a su disposición, son nombres que todos los Paleros de la religión de Palo Monte, Mayombe, Enfinda, Cuna Finda, Encunia Lemba Sao. Por su trascendencia genética, son tan importantes saber nombres por tradición de todos nuestros antepasados de la treta de los esclavos, por las diferente ramas de nuestra religión y como llamaban a sus entidades por el nombre de mpungos, Dioses y potencias y deidades que componen la religión de Palo Monte, Palo Mayombe, Brillunba Congo, Kinbisa, coma Cuende Yaya, Encunia Lemba Sao, Enfinda, Cunan Finda.

Sala Malecun, El Oficio Congo Sambia Npungo
Me Los Cutare {Dios Te Bendiga}

Muchas se formaron en la isla de Cuba dándole seguimiento a su creencia y uniéndose en sociedades secretas, clanes, cestas y reunificándole existir religioso de sus costumbres. Aun mas, rompiendo las cadenas bajo la opresión, persecución y en desamparo que tenían y siendo forzados a los que **a seres** diarios forzados sus cuerpos.

Pero jamás su espíritu de lucha, sus tradiciones, cultas y ritos religiosos des donde se valieron de sus manas y ocultos. Uniendo fuerzas se encaminaron a formal lo que hoy en día se conoce como la religión del Palo Monte, Palo Mayombe y todas las ramas y reglas de la religión. Todos los Munansos Congo que la componen.

Sala Malecun, El Oficio Congo Sambia Npungo
Me Los Cutare {Dios Te Bendiga}

Pues, para Misael, un monte no se compone de un solo Palo. Son Cuadrilla Congo, aunque muchos por falta de conocimiento y poca enseñanza y estudio, simplemente están iniciados en las diversas ramas de la religión de Palo Monte, Mayombe, Brillunba y Kinbisa, sin ver de donde es que el cobo "caracol" saca la manteca. Amen aleluya que Casimiro va a espantar la mula "la wanga" el fundamento, la prenda. Báculos sagrados del Oficio Congo. Simba que viento me lleva que yo arreo fula "Pólvora" y llega lejos.

Solo por encimita, y todavía así, quieren ser profesores. Hablando como el Papa de Roma y ni siquiera han sido monaguillo, dirigiendo y enseñando lo que verdaderamente no saben a ciencia cierta. Pues la ignorancia del necio, es creer que todo lo sabe, como **suele** suceder en esta religión de Palo Monte.

Por mis experiencias de medio siglo, ejerciendo este Oficio Congo y de la brujería en las diversas religiones, les brindo información muy valiosa que les puede ser de buen uso en lo que se refiere a este Oficio Congo de la religión de Palo Monte y llegar a ser un buen malongo {brujo}.

Sala Malecun, El Oficio Congo Sambia Npungo
Me Los Cutare {Dios Te Bendiga}

Yo les diré, que para gobernar, hay que aprender escribir primero. Nunca es tarde para aprender, el que se instruye y le da seguimiento a las religiones y conociendo trascendentalmente el origen de la religión de Palo Monte, Munansos Congo y Cuadrilla Congo. Las religiones verdaderas que encierra tantos misterios y un poquito más de enseñanza nunca está de más.

Enpanguis, (hermanos), al aprender no ocupa espacio y la lucema (cabeza) no les va a crecer más. Eso, yo Misael, Padre, Tata Zarabanda, Cheche Bacheche, Brillunba Congos, también, Taita Empungo, Casinbi Masa, Rama Sacara Empeño, Padre Chola, Engo Calunga, en Yaya Kinbisa y Santo Cristo de Buen Viaje.

Templo lucero mundo.

Sala Malecun, El Oficio Congo Sambia Npungo Me Los Cutare {Dios Te Bendiga}

Pues ya ven porque hablo de diferentes ramas. Pues soy de todas y como se dice en Palo, "Si mi padre es Mayombe y mi madre es Kinbisa, quien diambo soy yo." Espero con todo él respecto a todos mis enpanguis, bocanyula engangas (hermanos), Todos los Tatas, Padres, Yayi, Mariquillas (madres), que Sambia Empungo me los cutare, Sambia Surorucuro, Sambia Bilongo, Sambian Liri, Panguito me los cutare (Dios me los Bendiga). Buena siembra vale un bando y da cosecha, palo pare palo, y no es por falta de respecto a ninguna de las ramas que componen las diversas ramas religiosas. Al contrario, es bueno nutrirse de sabiduría y tener un entendimiento de las raíces genéticas de la religión y de los Siete Reinos Congos, Bacongos, Mani Congos, Loango, guaculan congos. Amen Aleluya

Sala Malecun, El Oficio Congo Sambia Npungo Me Los Cutare {Dios Te Bendiga}

Para los malos entendidos que existen y lo mejor es matar la ignorancia y sepan para donde van. Es de esperar la palabra en mi templo Munansos Congo, es así, por algunas cosas los admiro por su lealtad y respectos a sus mayores. Pero todos los días de nuestra existencia se aprende algo nuevo.

Facultades que nos pondrán en un nivel superior, conociendo nuestra trascendencia genética espiritual, nutriéndonos de sabiduría y aprender no ocupa espacio hermanos (enpanguis). Al contrario, te da potestad y virtudes, dones, que con el tiempo, les serán de mucha utilidad para sus vidas religiosas.

Este Oficio Congo, es un mundo lleno de misterios, que encierran las diversas reglas de Palo Monte y Palo Mayombe, Encunia Lemba Sao, Enfinda Cunan Finda.

Sala Malecun, El Oficio Congo Sambia Npungo Me Los Cutare {Dios Te Bendiga}

Por tal razón, yo Misael me he iniciado en tres ramas diferentes aprendiendo su función, ritos que hoy día gracias a Dios, la practico y ejerzo con mucho orgullo y respecto. Aunque a través del tiempo, siempre existen personas que sin haber participado en otras ramas de Palo, critican. Esos son lo sabelotodo, los maestros de los maestros, que por su orgullo y vanidad, no pueden admitir sus errores y se estancan como las aguas, que no tienen corrientes, sin querer admitir nada por el mero hecho de querer saberlo todo.

Mas no saben de dónde vienen, ni saben para donde van, ya que esta religión de Palo Monte tiene muchos misterios, de los cales se basan en pactos y tratados con el mundo del más allá. Es donde se une los vivos con los muertos en esta religión de Palo Monte y es aquí donde yo quiero llegar con mis enseñanzas para ustedes.

Sala Malecun, El Oficio Congo Sambia Npungo Me Los Cutare {Dios Te Bendiga}

Para comenzar les digo, que el monte cuna Finda (el monte) tiene muchos misterios. Monte tiene espinas y no tiene un solo caminos. Tenemos que aprender por donde entrar y por donde salir para no perdernos en lo que se refiere a este oficio.

Ya el que sabe, no muere come el que no sabe. Brillunba Congo, Mayombe, Kinbisa son caminos diferentes, aunque nacen de un tranco Mayombe pare a Brillunba y a Kinbisa. Son ramas de un mismo Palo. Llevan en su entraña los rastros que genéticamente existen, aun mas existen tantas otras ramas de Palo que en la actualidad se practican.

Por ejemplo Vititi Congo, Musandi, Guinda Vela, Santo Cristo, Brillunba Congo, Brillunba Engo, Corta Lima, Brillunba Lemba, Kinbisa, Santo Cristo del Buen Viaje los meteoros, sin mencionar las ramas judía y Saca Empeño, Corta Lima El Igualito y muchas más de lo que ustedes se pueden imaginar. También como Entuala Congo, Brillunba Engo, Los Vira Mundo, Bejuco Finda y tantas más.

Por eso es bueno aprender bien este Oficio Congo para saber espantar la mula y saber de donde es que el cobo saca la manteca y silbar para espantar la mula, la wanga, la macuta, que son los báculos sangrados de esta religión de Palo Monte y arrear fula {pólvora} y llegar lejos. Así es este Oficio Congo.

Sala Malecun, El Oficio Congo Sambia Npungo Me Los Cutare {Dios Te Bendiga}

Por lo tanto, este mundo de los kisi malongo (brujos) encierra misterio. Ya que cada cual tiene su arsenal para cuando hay que jugar palo en caso de wangarra, (guerra). También las prendas, gangas, báculos, y altares Congo. inventadas por profanadores de religiones. Pues este mundo está poblado de todo.

Pero que se puede hacer, cuando la bomba les exploté en sus manos, y Mayombe, Brillunba, Kinbisa y los Enfumbe (muertos) les cobren sus injusticias.

Cometidas. A quien le caiga la pulla y su conciencia lo condene por sus actos, allá con Sambia Empungo {Dios} que es el que todo lo cobra. Al rendir cuentas por nuestros actos. Recapacitar a tiempo es de sabio y no de necio, ya aprender, nunca esta demás. Por eso les brindo este manual de enseñanza como guía de esta religión de Palo Monte.

Sala Malecun, El Oficio Congo Sambia Npungo Me Los Cutare {Dios Te Bendiga}

Mis enpanguis (hermanos), les proporcionare una lista de nombres de las diversas religiones: Mayombe, Kinbisa y Brillunba Congo, Vititi Congo, Bantú Loango para que tengan un mejor conocimiento genético dentro de las diversas religiones.

También les proporciona los dichos y refranes y cantos dialectos para que tengan un mejor panorama de los pactos y tratados formas rituales y costumbres de nuestros antepasados. Los que tuvieron su dinastía imperios religiosos, secretos que todavía a pesar del tiempo siguen vigentes en nuestras vidas religiosas.

En las cuales depositamos nuestra confianza religiosa. Para poder llevar el timón que es necesario llevar en las reglas del oficio Congo; del cual les estoy brindando a base de mis experiencias en este Oficio Congo por medio siglo.

Sala Malecun, El Oficio Congo Sambia Npungo
Me Los Cutare {Dios Te Bendiga}

Ya que hermanos, conocer el origen de la semilla genética, para poder interpretar su función es de sabios. Por lo tanto, recorriendo el tiempo pasado para proseguir el presente que nos sitúa en el camino; donde somos el fruto de la semilla de la fe religiosa en lo que estamos poblados.

Ya ven mis hermanos, la prioridad que tenemos para interpretar los mensajes ritos, cultos y costumbres llenándonos de entendimiento para poder descifrar el poder que encierran la religión del Palo Monte.

Mayombe, Brillunba y Kinbisa, Encunia Lemba Sao, Enfinda, Cunan Finda y los Siete Reinos Congos, Mambe Dios y engo para tiempo. Primero Sambia simbiricu y después de Sambia simbiricu. Primero Dios que todas las cosas.

Es aquí donde los buenos entendedores sabrán que las pullas y dichos y refranes, todos tienen un significado para un buen entendedor, ya son como parábolas. Lenguajes que nos sirven como consejos. Sus pullas no son regaños. No olviden consejo de mayores que son ganancia para nuestro futuro; un poquito más que aprenden nunca está de más mis enpanguis (hermanos) en lo que se pueden aprender, ya que aprender es de sabios.

Sala Malecun, El Oficio Congo Sambia Npungo
Me Los Cutare {Dios Te Bendiga}

PULLAS DE PALO, REFRANES Y DICHOS

1. El saber no ocupa espacio, instrúyeteme.
2. Enfinda Monte tiene espinas, cuidadito, no te hinques
3. Embele (machete) viejo guarda su amo, cuidadito no te cortes
4. Para gobernar aprende a escribir primero, no te adelantes
5. Tiempo es el mejor testigo, sarasaños son sarasaños y más sabe diablo por viejo que por diablo.
6. Cuna Lemba, Quinto Piso (es el cementerio), no tiene ensefo (Pelo) son casa de los calvos.
7. El que mucho abarca, poco aprieta, no lo quiera sabe todo
8. Ma Colunga (mar), es muy profunda. Si no sabe navegar, no te entres muy adentro, no te lo valla a llevar
9. Cuando se avisa de encanta (huracán), amara bien tu galeón, No te vaya a llevar.
10. Guao (perro) tiene cuatro patas y no coge dos caminos. Mira Bien para dónde vas.
11. Cuna finda, nfindo (monte) tiene engoma garabato, pero hay que Saberlo cortar. Si no sabe, no te meta.
12. Cuna finda (monte) tiene espina. Cuidadito no te hinques si No sabes distinguir.
13. Emboma (serpiente) deja su huella por donde quiera. Que Pasa, aprende a no dejar huella en lo que vayas hacer. Oficio Congo son cosas serias. Nunca te olvide de eso.
14. Oficio Congo son cosa seria. Eso no es cosa de niño para Ponerte a inventar. Son navaja de dos filos y monte tiene espina. Cuidadito no te hinque.
15. Bebe en paños lo que hace es gatear. No vallas tan aprisa que te puedes fastidiar. Oficio Congo no come cuento cuando te va a cobra.

16. Engo (tigre) que está dormido, no se jala por el rabo. Oficio Congo son navaja de dos filos. No te vayas a cortar. Kindemo (caldero) tiene tres patas, por eso caminan bien.

17. Escobita nueva barre bien y más sabe el diablo por viejo que por Diablo. Si no sabe volar, no te trepe en la escoba que te puede estrellar.

18. Cana no salen en vano. Son los anos de experiencias y consejos de mayores. Son los que abren camino. No se brinca taranqueta (verja). Oreja no pasa cabeza.

19. Congo se ríe, pero no es payaso. Nunca de olvides de eso. Con la prenda no se juega. Regla de Palo, Oficio Congo bejuco enreda Palo no se juega con quien sabe.

20. Cuna finda (monte) y hay Encunia (Palo) que solo sirve para carbón. Si no puedes distinguir, no seas averiguaos. Aprende Oficio Congo.

21. Cuna finda (monte) tiene muchos camino. No te metas muy a Dentro, si no sabes caminar. Primero pedir licencia para Poder tu entrar.

22. Noca (cascabel, serpiente) hace sonido. A ver si tú te acercas para poderte picar. Enpolo mata veneno. Polvo cura, quita lo malo. Es el Oficio de Congo, secretos de brujo.

23. Santo Tomas ver para creer. Juramento son de enchila (corazón). No se hace de facenda (falsedad). Si jura en Ganga, aprender la regla Congo.

24. Palo que nace con joroba, jamás su trunco se endereza. Caminando derechito quizás pueda enderezar. No cambies camino por vereda.

25. Buena crianza de pollo, no-aura. No se puede volar tan alto para que nunca te estrelles. Respecto a sus mayores Oficio Congo te coge tiempo.

26. Si no sabe lo que lo que haces, aprende escribir primero. Oficio Congo. Roma no se hizo en un día. No te equivoques para puedas llegar.

27. Pescado muere por la boca. Si no se enreda en la redes. Cancoma (mosquito) no come gente, pero te puede picar. Oficio Congo son cosas que se respectan. Munansos Congo Son cosas seria.

28. Langunbe (buen amigo el demonio) no perdona. No lo hales

29. Wangara, Wangara (entre guerra y guerra) siempre pierde Uno. No desafíe a quien sabe. Si no sabe jugar Palo, Oficio Congo no perdona traición.

30. Candela siempre quema. No se juega a sabiendo, pues te Puedes quemar.

31. Buey con buey (toditos son manitos) no traiciones tus Enpanguis (hermanos), tu Tatas y tu Munansos Congo.

32. Aprender no ocupa espacio. Ni la lucema (la cabeza) no te va a crecer Más.

33. Mayimbe (aura tiñosa) no come hierba bejuco. Enreda Palo, Palo no enreda bejuco. No se olviden.

34. Escobita nueva barre bien si tú ya sabes usar. Aprende Oficio Congo.

35. Hierro con hierro no corta hierro. Lo que sale es candela. Uno Sé Puede quemar.

36. Perro no come perro. Uno queda jodido. Nunca te olvides de Eso y como dice el canto, "oye negro yo te digo que ese cuento Se acabo y que te curen con los pelo del perro que te mordió."

37. Embele (machete) viejo guarda su amo, a otro lo puede cortar.

38. Zunzún sin uña (gavilán) ve de alto del cielo ensulu Pollito no Puede volar como gavilán.

39. Cuando suena la campana, el cura está preparado. Sábado de Gloria, Domingo para la misa de lo Congo.

40. Mientras hacha va y viene, el Palo descansa. Pero a la larga, Lo corta. No se juega con quien sabe. Cuadrilla Congo no Como cuento.

41. En Munansos Sambia (iglesia) el Cura Bautiza. Munansos se Congo es el Tata que hace ceremonia. Son dos cosas Diferentes. No olviden.

42. Dos bueyes halan mejor la careta que uno. Respecta a tus Mayores. En la fuerza, Esta la unión. Oficio Congo son Cuadrilla Congo. Monte no es un solo palo.

43. Jefe son jefe. Cacique son cacique. Indio son indio. Sarazaños, Son Sarazaños. Y Palo que nace joroba, jamás su trunco nunca Endereza ni aunque le pongan horqueta.

44. Cucubano (curuye) siembre a alumbra de noche. Son bombilla Natural y Tiene que aprender primero para poder alumbrar. Al que a hierro mata a hierro muere. Si forma wangara (guerra Atente a la consecuencia. Si no sabe no te metas con quien sabe.

45. Con la vara que tú mides, te pueden medir después. Oficio Congo no Se traiciona. Juramento son juramento.

46. Pescado muere por la boca. Si no se muere de hambre, mira Bien lo que tú dice para evitarte problema. Lengua vive entre Diente y diente no te la vayas a morder.

LO QUE ES UN REGISTRO {CONSULTA}

Un registro es una consulta de Palo, el oráculo de adivinación, del cual se basan los paleros. Por lo tanto, es una consulta en donde el Tata facultativo determina el camino de los pinos nuevos, para rectificar los paso que la persona se piensa inicial para rallarse en la religión de Palo Monte. Estos Son los primeros pasos que se deben dar, aunque cada munansos templo Congo tenga sus reglas diferentes de cómo hacerlo en sus registros sea consultas.

Es de suma importancia que se rectifican los caminos y la entidad el Empungo (espíritu) superior que acompaña al nuevo pino. Bocanyula enganga En la vida. Ya es mejor estar uno seguro para más luego no existan lamentos ni confusión dentro de lo que es esta religión de Palo. La cual encierra tantos misterios y con una buena enseñanza se puede aprender el Oficio Congo siempre y cuando exista el interés deseo y voluntad.

Sala Malecun, El Oficio Congo Sambia Npungo
Me Los Cutare {Dios Te Bendiga}

Pues como Taita Nkisi Malongo y Oriate Omorisha Santero, Sacerdote mayor y por conocimiento expreso, toda persona tiene un ángel guardián y espíritus protectores que tenemos que respetar. Aun mas, sus espíritus protectores sean los muertos.

Por lo tanto hermanos, son los tiempos de antilangas (del ayer) y las reglas de Palo Monte Mayombe que no se deben alterarse como uno de los reglamentos requisito en todo en la vida, sea en lo físico como en lo espiritual. Ya que existen las entrevistas, consultas, registros y lecturas, donde se hacen los plantes de palo para determinar los caminos de los que se van a iniciar.

Es tanto así, que de esa forma de dialogo, es que se llagan los acuerdos a cabo entre los Padres, Tatas y los Enguello que son los futuros Bocanyula Enganga,

Moana Congo y los pino nuevos que se inician en esta religión de Palo Monte, el Panteón Congo, Enfinda Cunan Find, Encunia Lemba Sao y Palo Monte Mayombe.

Sala Malecun, El Oficio Congo Sambia Npungo
Me Los Cutare {Dios Te Bendiga}

Aun que los tiempos pasan y la civilización prospere, en entender el origen trascendental de los fundamentos de este legado religioso de Panteón Congo Encunia Lemba Sao, si no es facenda (mentira), la formula de la religión de Palo Monte Mayombe, seguirá siendo la misma desde tiempos antilangas (tiempos pasado.)

Esto son deberes, leyes y reglas que tienen una prioridad dentro de todas religiones y ramas existente sea mayombe, Brillunba, o Kinbisa, ya que cando se alteran o se quieren cambiar. Pueden traer malas consecuencias, que es lo que está pasando hoy en día. En la actualidad, y como en tierra de tomate, todos son cocineros. Lamentablemente, no es así.

Oficio Congo no son manteca que se derrite como muchos lo quieren ver, son navaja de dos filos y el que debe pena que pague enfinda; El que la hace la paga. Por eso, aprender bien este Oficio Congo al pie de la letra; es de sabio.

Sala Malecun, El Oficio Congo Sambia Npungo
Me Los Cutare {Dios Te Bendiga}

ORACIÓN

Que Sambia "Npungo" me lo cutare a todas Moana Congo, Bocanyula Enganga. Sambia Sucucururu, munan sulu, Panguito, Sambia me los cutare (Dios me los bendiga).

Buen lumbo, buen lumbo (salud) a toda cuadrilla Congo. Con licencia "Sambia Npungo", "licencia" Zarabanda, "licencia" 7 Siete Rayos, Ma Culunga, Madre Agua Baluande., "licencia" Chola Wengue, "licencia" Centella Wirindinga, Mama Kenque, "licencia" Tiembla Tierra, cabo de Hacha, Mundo, Mundo, "licencia" Pati Llaga, Cumaneco Santo En Pena, mi Coballende, "licencia" Mama Cachimba, guardiero enganga, "licencia" todo Ndoki que cuenda enfuiri. Sambia Ensulu, Sambia Entoto (Dios en el cielo y Dios en la tierra) sea con todos mi enpanguis (hermanos).

Templo Lucero Mundo Misael Palero y Santero, Tata Zarabanda.

Sala Malecun, El Oficio Congo Sambia Npungo
Me Los Cutare {Dios Te Bendiga}

FORMA OBJETOS DE ADIVINACIÓN

En mi caso, yo como Oba, Oriate, Omorisha, uso el diloggun caracoles, que en palo son Chari (formula) que se registra en la rama de Santo Cristo Del Buen Viaje. También se usan los Chamalongo, que son pedacitos de coco de parte exterior.

Yo quiero aclarar, que esta palabra en Palo Monte Mayombe también significa cementerio. Otra forma, la empaca mensu y el bioco (ojo), vititi menso (ver), que es la forma de registro más comunes en la religión de Palo Monte Mayombe con la npaca el taro de buey mágico de los ganguleros. Esta función o forma de registro (consulta), deben ser ejecutadas por un Sacerdote Padre facultativo dentro nuestra religión y no por todo el mundo como la gente se creen. Por eso les repito, que aprender es de sabios.

Hermanos (enpanguis), el Oficio Congo tienen sus reglas. Sambia me los cutare (Dios me los bendiga) en lo que se refiere en aprender bien este Oficio Congo. Les brindo mis experiencias como un legado de enseñanza de padre a hijos, que es la herencia de lo que he aprendido de los mayores para compartirlo, para que así no muera la esencia de esta religión de Palo Monte, la cual he ejercido por tanto tiempo.

Aun mas, cultivando sabiduría en las practicas de este Oficio Congo de brujo, Kisi Malongo, cheche bacheche, del cual me siento orgulloso de tener el placer de poderles ser útil en la enseñanza de este Oficio Congo, de la región de Palo Monte, Encunia Lemba Sao, Enfinda Cunan Finda, quien vence batalla.

Mas vivir hasta que mundo tesie (mundo termine), ya que enbele viejo, (machete viejo) guarda a su amo y yo Simba como Simba (sopla), para Casimiro espantar la mula y arrear fula y qué culpa tengo yo, si mi padre se murió y vamos para velorio Estanislao.

Así es este Oficio Congo, que si uno se duerme, te mandan endoki enfuiri (para la tierra de los calvos) y palo con el negro y el negro parado, porque Congo baila en un solo pie y yo soy hijo de mala fama.

Sala Malecun, El Oficio Congo Sambia Npungo
Me Los Cutare {Dios Te Bendiga}

PREPARACIÓN DEL PLANTE DE PALO

Mis enpanguis (hermanos), en la vida toda actividad que se piensan realizar se planifica, sea en lo físico, como en lo espiritual, que tiene un proceso de preparación, sea una fiesta o una reunión religiosa etc., etc. Es por tal motivo, que las cosas bien planificadas salen mejor el cuarto donde se va realizar un plante de palo tiene que prepararse como un templo de consagración no como un salón de baile.

Ya que en convite Congo, que es como verdaderamente se dice, tiene sus preparaciones y sus reglamentos, costumbres que no se deben alterar cuando existe un manando templo Congo responsable y fiel a nuestra religión de Palo Monte Mayombe. Es nuestro altar, nuestra iglesia y un sitio sagrado que es donde se llevan a cabo las consagraciones y juramentos a los pinos nuevos de la religión de Palo Monte.

Un Sacerdote, Padre o Tata facultativo, es responsable de sus deberes y de su pueblo como un guía o misionero religioso. Por tal razón, dentro de la regla de Palo Monte Mayombe, para gobernar, hay que aprender a escribir primero y un ciego no le puede cruzar la calle a otro ciego. Dos erróneos no hacen un perfecto. Por lo visto, hoy en día los pájaros le quieren tirar a las escopetas; por eso, es de suma importancia al aprender este Oficio Congo desde el fondo de canasta.

Sala Malecun, El Oficio Congo Sambia Npungo
Me Los Cutare {Dios Te Bendiga}

Yo Misael les digo, que hay palos que solo sirven para carbón y ser un Tata facultativo requiere mucho que aprender de los tratados y pactos y reglas bajo de el Oficio Congo. Ser brujo no es cosa fácil que mucho se lo cree. Ser brujo es ser un mago. Así son los verdaderos Tatas, hoy en día abundan los Tatatatatata, padres, las Yayayayayaya y otras cosas extrañas. Como se dice, Que el pájaro que vuela, no jura encima de enganga y eso va también para las Yayas (madres) y Paleras.

El Oficio Congo es un mundo en miniatura. Navaja que corta de ambos lados y el que juega con fuego, a la larga se quema. Mas yo quema guano candela colora.

Sala Malecun, El Oficio Congo Sambia Npungo
Me Los Cutare {Dios Te Bendiga}

Es por tal motivo, que la enseñanza en este oficio de la brujería es muy importante la preparación en los Munansos Congo (casa de los congos). Congo es también parte de la religión donde están nuestros báculos sagrados nuestros altares. Igualmente tiene que hacerle preparativos. Son ingredientes que no pueden faltar en esos momentos de consagrar y juramentar.

Por lo tanto, son las herramientas objetos, que al momento preciso, tendrán que ser utilizadas para realizar esos actos cuando iniciaciones se trata dentro de la religión de Palo, los ritos y ceremonias de plantes de Palo; también, es igual como uno se prepara el endunbo (cuerpo), y igual hasta en los casos forzosos (emergencias).

Se necesitan las herramientas como si fuera un cuarto de operaciones. La diferencia es un cuarto para actos religiosos donde se consagran los nuevos pinos de la religión en sus ritos y costumbres religiosa. Estas son mis experiencias, mi labor por tantos años y en la actualidad, no son enseñanzas vanas y sin sentidos. Son parte de mi vida espiritual como Santero, Palero, Gangulero, Brujo Malongo, Cheche Bacheche Kisi Malongo.

Sala Malecun, El Oficio Congo Sambia Npungo
Me Los Cutare {Dios Te Bendiga}

MIS EXPERIENCIAS

Yo les puedo garantizar, que jamás tendrán un libro o manual como este en sus manos. A lo mejor alguien pueda pensar de otra manera. Pero he rallado miles de personas y hecho muchos Padres hasta el día de hoy. En mis años de experiencias, he pedido licencia a mi fundamentos, he conversado con los mayores durante largos tiempo desde que esta religión de Palo Monte arribo a esta tierra. Arribo de mis hermanos cubanos, que fueron ellos que para los año del sesenta, se le dio inicio a las diversas religiones Palo y Santería aquí en la gran manzana.

Mas viendo hoy en día las faltas cometidas por personas sin escrúpulos, que se basan de la fe, de los fieles creyentes que quieren conocer a fondo nuestra religión Palo Monte Mayombe y me uno a la enseñanza.

Por tal razón, aprender hermanos (enpanguis) no ocupa espacio y futuro pino nuevo y todas Moana Congo (hijo de prenda.) Sambia Npungo mi lo cutare. Consejos de sabio, ganancias para el futuro, dentro del mundo de los misterios, que rodean este legado religioso, de la religión de Palo Monte Mayombe, Encunia Lemba Sao, Enfinda, Cunan Finda la cuadrilla Congo.

Templo Lucero Mundo – Misael Palero y Santero

Taita Empungo Casinbi Masa

LISTA PARA PLANTES EN MUNANSOS CONGO

Sunso (gallo)

Pemba (Vela)

Encunia (Palo)

Matari Ensasi

(Piedra de rayo)

Garabato

Embele (machete)

Embele coto (cuchillo)

Chamba

(Bebida de consagración)

Vino dulce malazo chola

Incienso

Pititi (Plantas)

Navajas

Kinbisa (hierba pata de gallina)

Sunga (tabaco)

Malafo (Ron o Agua ardiente)

Lango Ensulu (agua bendita)

Agua Florida

Mamba (baño de plantas)

Ceniza (Enpolo que mata enpolo)

Cañanputo (coco)

Tijera

Flores

Penbe (Tiza)

Tela

Algodón

Mazango (hojas de maíz)

Matende (plántanos)

PREPARACIÓN DE MUNANSOS CONGO (TEMPLO)

En los procedimientos de convite aura o iniciación, todo debe estar a la disposición del Tata y listas para cuando llegue la presentación. Unas en un plato y las otras alrededor del plato. Que es deben estar prepara en el cuarto cuando se va iniciar un plante de Palo en consagraciones de este legado religioso.

Esto es para no existan malas interpretaciones y con respecto todos los Tatas, los Kisi Molongos y a quien por su orgullo de grandeza pueda pensar diferente no todos los templos Congo, consagran de la misma forma. Sambia mi lo cutare, (Dios me los bendiga). Esta son reglas de Palos en lealtad a lo que yo he conocido desde el arribo de esta religión a este país para los anos del sesenta y cinco al arribo de los primeros Paleros al Continente Americano.

Que para el efecto, fueron los patriarcas en iniciar a los primeros pinos nuevos en la religión de Palo Monte, Encunia Lemba Sao, Enfinda, Cunan Cinda, la regla de Palo Monte, quien vence batalla arriba mundo, para sus fieles creyentes entre los cuales me encuentro yo. Dentro de la fe viva, que a pesar de tantos obstáculos, jamás mi fe ha flaqueado ante nada, ni por nadie, conservando mis principios religiosos y mi moral limpia y así me gustaría que fueran ustedes los futuros ganguleros de esta hermosa religión de Palo Monte.

Sala Malecun, El Oficio Congo Sambia Npungo
Me Los Cutare {Dios Te Bendiga}

AGUA CONSAGRADA LA MAMBA

Yamboso, mamba agua Gongoro remedio de los males la medicina del Congo resguardo de los iniciados. En este oficio Congo, Al comienzo de toda ceremonia, se tiene que preparar una mamba, que es un compuesto de plantas que se le reza y se le hacen sus cantos para consagrarlo llamada Mamba Marolo. Dándole cuenta con licencia de Sambia Empungo (Dios) y toda la cuadrilla Congo y todo enfunde (muerto) y Ndoki que cuenda enfuiri (sea los muertos).

Este baño es el que se utilizara para sarango, (limpieza) del endunbo (el cuerpo) antes de la penitencia y el ensalmo de San Luís Belcán, que se hace en la rama de Kinbisa, que por costumbre en todas mis plantes de Palo, se hacen dentro del cuarto del munansos Congo para santiguar los que se inician en esta religión de Palo Monte.

Mas dejo saber bien claro, que en la regla de Kinbisa Santo Cristo Del Buen Viaje, se santigua y se despoja con albaca santísima y no debe faltar la kinbanza, (hierva pata de gallina) ni Lango Zambia, (agua bendita) ni el Mazango, (hoja de maiz) para amarar las cuatro esquinas ante de las iniciaciones. Hermanos, aprender es de sabios. Amen aleluya y sigamos silbando para espantar la mula.

Sala Malecun, El Oficio Congo Sambia Npungo
Me Los Cutare {Dios Te Bendiga}

Esta fase de preparación, la hace el Tata y también lo pueden hacer el Bacanfulas, el Mayordomo y siempre debe de haber una Yaya (Nariguilla – madre) enganga que son los que dirigen a las persona que están por iniciarse, rallarse y es como se dice en esta religión de Palo Monte. Moana Congo son importante y los mambos (cantos) de Palo despues de triturar las plantas.

Se agrega malafo (ROM, agua ardiente), lango Sambia (agua bendita), lango ensulu (agua de lluvia) y se le echa humo de sunga (tabaco) y se le hace una cruz con Pemba (vela) dentro del recipiente de agua cuando se prepara la mamba de plantas.

Este procedimiento es de suma importancia, ya que no solamente se usa para limpieza, también para los baños fluviales de limpiar y despojar a los que se van a iniciar en la religión de Palo Monte en los plante de Palo.

Sala Malecun, El Oficio Congo Sambia Npungo
Me Los Cutare {Dios Te Bendiga}

LA INICIACIÓN LECCIONES DEL OFICIO CONGO

Ya terminada esta operación por las diferentes personas dentro de los plantes, se prosigue a dividirlas dejando una ponchera (recipiente) en la entrada de la puerta del cuarto donde se va a iniciar en el templo, sea el munansos Congo. El otro es para los baños que se bañaran las personas que se iniciaran.

Este baño se le llama "mamba." De las mismas plantas que se van a utilizar para despojar el endunbo (el cuerpo), es que se sacan las hojas que se hace el baño que se llama la mamba marlolo. El resto se amara en forma de un mazo, para despojar, al bañarse los pinos nuevos sea los recién futuros moana congos fieles creyentes.

Luego de bañarlos, se les venda los ojos con una tela para que no vean hasta el final de la ceremonia, hasta que toda la ceremonia termine de acuerdo a las reglas del templo. Ya que pueden barrial de acuerdo a la rama de Palo y costumbre del Tata, sea el Sacerdote mayor, en como ejecuta sus ceremonias y rituales de iniciar los pinos nuevos.

Sala Malecun, El Oficio Congo Sambia Npungo
Me Los Cutare {Dios Te Bendiga}

YAMBAZO GONGORO TOMA CONSAGRADA REMEDIO DE LOS MALES

Otro procedimiento de iniciación del Oficio Congo, también, dejo saber, claro que el Yambazo, agua Gongoro, Mamba, Uria Kinbisa, es una toma que es de suma importancia que se prepara en cada plante de Palo. Esta bebida sagrada que se le da tomar a las personas en las iniciaciones. Es en caso de que la persona tenga algún maleficio en su interior y lo saque hacia fuera. Al tomar esta bebida, que el Tata prepara, no es rallar sin tener conocimiento de Oficio Congo. Ya que Yamboso Gongoro es remedio de los males. Amen Aleluya

El brujo es un mago que tiene los secretos de las curaciones y resguardos que la persona que se juramenta de verdad conserva para el resto de su existencia, hasta que fuiri endoki (hasta el día que se muera). Por lo tanto, demás está decirles, que el Yamboso Gongoro, la cura sagrada de los males en este Oficio Congo, se puede preparar de diferentes forma de acuerdo al Tata y la rama de Palo en la cual se inicia a los pinos nuevos en esta religión de Palo Monte; de la cual les estoy narrando su procedimiento de como se prepara cada ceremonia en los plantes de Palo Monte, Encunia Lemba Sao, Enfinda Cunan Finda.

Sala Malecun, El Oficio Congo Sambia Npungo Me Los Cutare {Dios Te Bendiga}

Por lo tanto, hermanos de la fe en estas congregaciones, siempre debe haber un Tata o sea un Sacerdote facultativo, una Yaya y el Bocanfulas del munansos Congo que es el Hombre con más confianza del Tata. Esta bebida que estamos hablando, el Yamboso, tiene sus secretos que en diferentes ramas los confeccionan de diferentes formas.

Pero llevan el mismo propósito de resguardar el endunbo (el cuerpo) de males que puedan afectar el iniciado en el futuro. Por eso al prepararse antes o en el plante, se mantiene en un envase hasta darle de tomar a los que se inician en la religión de Palo Monte Mayombe que es cuando se dice rallado en palo, Moana Congo, o Bocanyula Enganga.

Sala Malecun, El Oficio Congo Sambia Npungo
Me Los Cutare {Dios Te Bendiga}

También como Tata y perteneciendo a diversas ramas, Mayombe, brillunba y Kinbisa es que puedo decir con toda autoridad que esta bebida se confecciona de diferentes formas. Incluso, yo personal le doy de comer sangre (minga) de Sunso (gallo) albaca, chamba y otras cosas más, por lo tanto, no se manden todavía, "poco a poco." Primero hay que aprender a escribir para poder gobernar y esto secretos son muy importantes y seguir las reglas de Palo Monte al pie de la letra.

Hermanos (enpanguis), este oficio de brujo y gangulero, tiene sus reglas bien fundadas en lo que se refiere a este Oficio Congo en la religión de Palo Monte Encunia Lemba Sao, Enfinda Cunan Finda. La regla de Palo Mayombe.

Sala Malecun, El Oficio Congo Sambia Npungo
Me Los Cutare {Dios Te Bendiga}

Dejo claro saber, que Sus raíces, su origen fueron bien fondadas un legado de misterios, secretos, ritos y ceremonias. Que bajo ninguna circunstancias, o propósito de personas sin autoridad y conocimientos de este oficio Congo, puedan hacer este tipo de rituales si no se tiene faculta de este oficio, dentro de esta religión, profanando las tumbas del Panteón Congo, Encunia Lemba Sao.

Es aquí hermanos (enpanguis), donde los maní Congo, Loango, Bantú, los Suacos, Arara, Musandi, Engolas, Congos reales y todas los Loango, las Tribus del Congo, los Maní Congos de los Siete Reinos nos dejaron este legado religioso de la religión de Palo Monte.

Mas acuérdense mis enpanguis (hermano), que oficio Congo son cosa seria, no es juego de niño. Sambia Npungo me lo cutare. Ya que para mí este legado religioso es sagrado. El cual he venido ejerciendo desde el comienzo del arribo a esta tierra como les dije para los años sesentas y les habla la experiencia vivida, no cuentos de hadas. Por lo tanto, inspirado en mi fe, doy de mi experiencia la enseñanza de este oficio Congo, para que sirva de guía en los caminos del recorrer de esta religión de Palo Monte Encunia Lemba Sao Enfinda Cunan Finda.

EL ENSALMO DE SAN LUÍS BELCÁN

Dejo bien claro que estas notas de este manual de enseñanza son verídicas donde lo cierto no miente por lo vivido, que en la rama de Santo Cristo Del Buen Viaje, Kinbisa Kinbanza quien vence batalla, en la cual se usa la oración, el ensalmo de San Luís Bertrán.

Que es donde el Tata haciendo uso de facultades como Sacerdote y representando al Munansos Congo hace oraciones y cantos, despojando el cuerpo de los nuevos enguello para purificar sus endunbo (cuerpo). Adsorbiendo de pecados y santiguando en nombre de San Luís BelcánS y Sambia Npungo (Dios) todo mal.

Esto es como si fuera un exorcismo con un crucifijo en la mano y en una fuente con agua, donde no falta la albaca santísima planta para y santiguar los pinos nuevos que se inician en esta religión de Palo Monte.

Ya que purificar sea a través de baños fluviales con la mamba agua consagrada de plantas y un poquito de agua bendita y agua florida y un mazo de albaca santísima se despojan los que se inician en la religión de Palo Monte.

Sala Malecun, El Oficio Congo Sambia Npungo Me Los Cutare {Dios Te Bendiga}

Así se va despojando a la personas, se debe cantar los mambos de palo "Por la señal," Sambia manda que yo reza, por la señal, Sambia manda que yo reza por la señal, Sambia manda que yo reza repitiendo este canto mambo y luego se dice mambe, que la contesta es Dios. Sala Malecun, Malecun Sala, Guaculan Congo y se contesta Qua.

OTRO MAMBO SE DICE:

AEE a La QUINBANBULA. E AEE a la Kinbanbula
Si todo el mundo tiene paso de brillunba menos yo,
AEE a la Kinbanbula

AEE a La QUINBANBULA. E AEE a la Kinbanbula
Si todo el mundo tiene paso de brillunba menos yo,
AEE a la Kinbanbula

AEE a La QUINBANBULA. E AEE a la Kinbanbula
Si todo el mundo tiene paso de brillunba menos yo,
AEE a la Kinbanbula

Coro Dice:
AEE a La QUINBANBULA. E AEE a la Kinbanbula
Si todo el mundo tiene paso de brillunba menos yo,
AEE a la Kinbanbula

AEE a La QUINBANBULA. E AEE a la Kinbanbula
Si todo el mundo tiene paso de brillunba menos yo,
AEE a la Kinbanbula

AEE a La QUINBANBULA. E AEE a la Kinbanbula
Si todo el mundo tiene paso de brillunba menos yo,
AEE a la Kinbanbula

Es de suma importancia que los madrina y padrinos de luz, que son los responsable de dirigirlos hasta la entrada del cuarto del templo. Que ya debe estar preparado donde el Tata los Padres y las personas, ya ralladas estarán esperando.

No sin antes de ver entrado, se hallan lavado las manos antes de entrar para purificar el ambiente y preparar los altares de consagración que son los báculos sagrados, mundos en miniaturas, formados en kindemos, carderos de hierro, o candangos cazuelas de barros, en la representación de los templo de altares congos de esta religión de Palo Monte Mayombe, Encunia Lemba Sao, Enfinda Cunan Finda, la regla de Palo Monte.

Sala Malecun, El Oficio Congo Sambia Npungo
Me Los Cutare {Dios Te Bendiga}

Pasos A Seguir En Los Plantes Las Iniciaciones

En el ensalmo de la oración de San Luís Belcán, se despoja con incienso para purificar el ambiente y las personas presentes en la ceremonia. Es como si hubiera una procesión cuando es de verdad. Esta ceremonia ritual como se hacía en tiempos antilangas (tiempos pasados). Recuerdo de los grandes Tata como Tata Barrera, Tata Tengue Endiata, José Mayombe, Lázaro, Claudio. Mas todos los ganguleros patriarcas en el arribo al Continente Americano en la gran manzana, en donde se inicio el Palo y la Santería reviviendo aquí en este país, que con su licencia, podamos conservar una religión tan hermosa como Sambia (Dios) manda y ordena que deba ser.

Luego Se cantan mambos de palo que son:

Chechere engoma que vamos allá, que vamos allá, que vamos allá,
Chévere emgoma que vamos allá, que vano allá
Chechere emgoma que vamos allá, que vamos allá

Chechere engoma que vamos allá, que vamos allá, que vamos allá, chévere emgoma que vamos allá, que vano allá
Chechere emboma que vamos allá, que vamos allá

Chechere engoma que vamos allá, que vamos allá, que vamos allá, chévere emboma que vamos allá, que vamos allá
Chechere emboma que vamos allá, que vamos allá

Coro Dice:

Chechere engoma que vamos allá, que vamos allá, que vamos allá," chévere emboma que vamos allá, que vano allá
Chechere emboma que vamos allá, que vamos allá

Chechere engoma que vamos allá, que vamos allá, que vamos allá," chévere emboma que vamos allá, que vano allá
Chechere emboma que vamos allá, que vamos allá

Chechere engoma que vamos allá, que vamos allá, que vamos allá," chévere emboma que vamos allá, que vano allá
Chechere emboma que vamos allá, que vamos allá

Mambo

Buey con Buey todito son manitos, todito son manitos, todito son manitos.
Buey con buey todito son manito todito son manito todito son manito.

Buey con Buey todito son manitos, todito son manitos, todito son manitos.
Buey con buey todito son manito todito son manito todito son manito.

Buey con Buey todito son manitos, todito son manitos, todito son manitos.
Buey con buey todito son manito todito son manito todito son manito.

Otro Mambo

Sarabanda la banda chechere Baco
Choca hueso con hueso chechere Baco

Sarabanda la banda chechere Baco
Choca hueso con hueso chechere Baco

Sarabanda la banda chechere Baco
Choca hueso con hueso chechere Baco

Coro Dice:
Sarabanda la banda chechere Baco
Choca hueso con hueso chechere Baco

Sarabanda la banda chechere rebeco

Choca hueso con hueso chechere Baco

Sarabanda la banda chechere Baco
Choca hueso con hueso chechere Baco

Guía Dice:

Sarabanda a la banda, chechere Baco
Choca hueso con hueso, chechere Baco

Sarabanda la banda chechere Baco
Choca hueso con hueso chechere Baco

Sarabanda la banda chechere Baco
Choca hueso con hueso chechere Baco

Se dice guaculan Congo, Wa. Santo Tomas, ver para creer. Dundo con dundo, endundo, Malembe, yaya. Somos o no somos, somos. Sambia arriba, Sambia abajo, Sambia a los cuatro costados, Primero Sambia simbiricu, después de Sambia sin biricú. Mambe, Dios un solo Dios verdadero. Sambia Npungo me lo cutares (Dios me los bendiga).

Hermanos enpanguis que estas notas le sirvan como un legado religioso de fe y amor en esta religión de Palo Monte Encunia Lemba Sao, Enfinda Cunan finda, el brujo, el Cheche Bacheche, Kisi Malongo templo Lucero Mundo.

Sala Malecun, El Oficio Congo Sambia Npungo
Me Los Cutare {Dios Te Bendiga}

EL ENPOLO QUE MATA ENPOLO ¿QUE ENPOLO ES, POLVO MÁGICO?

Ustedes se preguntaran, ¿que es el enpolo, polvo mágico? En lengua Bantú o Loango, la religión de Palo Monte Mayombe, todo tiene su nombre y uso a su debido momento. Entre ellos está el enpolo (polvo) y hasta tiene su mambo y su canto al ser utilizado. Así como tiene las oraciones cuando hacemos una plegaria.

El enpolo (polvo) es un compuesto que en las iniciaciones plantes de Palo después de haber juramentado. Se le unta para cubrir las 9 cruce que se marcan en el cuerpo sellando las heridas como un sello purificador en esta religión de Palo Monte, de la cual este enpolo (polvo), es como un sello del tratado de las iniciaciones cuando se inician pinos nuevos. Es de suma importancia que vallan cogiendo nota de todo lo que les estoy diciendo en cada lección ya que esto le servirá de guía a los futuros ganguleros padres y madres en esta religión de Palo Monte.

Sala Malecun, El Oficio Congo Sambia Npungo Me Los Cutare {Dios Te Bendiga}

Este polvo que se confecciona con ceniza de tabaco. Si es posible del mismo sunga tabaco que la gente fuma. También lleva palos rallados, pólvora precipitado rojo y otros cosos según el Tata que las prepara o el templo (munansos Congo), o rama de Palo.

Pues cada rama los prepara según sus mayores, que en sus ceremonias como los magos tienen sus secretos en sus rituales. Así es este oficio de Kisi Malongo brujo Mayombero, Brillunbero o Kinbinseros. Pero todos los preparan sea la rama que sea enpolo que se dice cantando, "Enpolo que mata enpolo, que enpolo E." Enpolo que mata enpolo, que enpolo E, enpolo que mata enpolo que enpolo es.

Que quiere decir, que es, como un antibiótico en contra del mar, un veneno que mata al veneno, cuando verdaderamente se sabe preparar y se le da el uso correcto y no se inventa; por eso en este manual de enseñanza la verdad sale a flote.

Para que ya el ocultismo, venga a la luz, para abrir comino y que este legado de la religión de Palo Monte para dar un mejor entendimiento de lo que en si es la el legado religioso al cual seguimos las huellas de esta religión dentro del Oficio Congo.

Sala Malecun, El Oficio Congo Sambia Npungo Me Los Cutare {Dios Te Bendiga}

Por lo tanto, esto debe ser un Tata, un padre enganga el que lo confecciona. Si es facultativo, ya el oficio Congo se cojeé mucho tiempo en aprender bien, cuando tiene un buen maestro, Tata que lo enseña poco a poco. Pues nunca se le enseña completo ni piensen que aquí lo van aprender todo en este manual de enseñanza.

Pues medio siglo de experiencia es mi trayectoria en las diversas regiones. El oficio de brujo siempre tiene que tener los ojos bien abiertos. Ya que el que sabe no muere como el que no sabe. Consejos de sabio, ganancias para el futuro. Sabia Npungo me lo cutare.

Pasos a seguir, de los cuales el aprender no ocupa espacio ni la lucema (cabeza) le va a crecer más. Así es que no se apuren y vamos a seguir con las lecciones de Palo en el Oficio Congo. Sala malecun.

Después De Iniciados Katianpolo Trazos Signos

Los reglamentos dentro de las diversas ramas de Palo tiene alguna parte que barrían entre ellos. Son el registro donde se inscribe al pino nuevo para que tenga su nombre propio. En el cual, será llamado como el mismo, que se le pone al nacer uno.

Así mismo, es en la religión de Palo Monte Mayombe que al nacer, pertenecer juramentando. El Tata le pone su nombre como si fuera un hijo. A diferencia que es el nombre religioso que se le saca. Quiero dejar bien claro, que el que no sabe de dónde viene, no sabe para donde va. Así es esta religión de Palo Monte, de la cual por mis experiencias vividas y un camino andado por medio siglo dentro de las diversas religiones.

Como Palero Santero y Espiritista, deja mucho que decir en este oficio de brujo, ya que la envidia mata y todavía estoy vivito y palo con el negro y el negro parado y esto me motiva mas a enseñar de lo que gracias a Sambia npungo (Dios) y a mis muertos y Santos, he a aprendido para poder enseñarles a ustedes.

Sala Malecun, El Oficio Congo Sambia Npungo
Me Los Cutare {Dios Te Bendiga}

También quiero que sepan los Bacanfulas enganga, los Moana Congo que otro reglamento, que deben saber de que munansos Congo (casa) viene y su rama y nacimiento de su tatangui (abuelo), padres y hermanos del Bacanfulas. Si es posible tiene que haber una yaya mayor para cuando se tenga que entrar al cuarto en un plante y el Tata y los padres y las yaya le preguntan "como nani, como guiri (como te llamas) así puedas entrar al cuarto como es verdaderamente la regla de Palo Monte Mayombe. Que se tiene que aprender al pie de la letra, sin alterar el producto de la esencia de este legado religioso.

Sala Malecun, El Oficio Congo Sambia Npungo
Me Los Cutare {Dios Te Bendiga}

Como ustedes comprenderán, todo en las regiones tienes sus reglas y no tiene exepciones. Son los reglamente de antilangas (tiempo atras), ya en un convite, como se dice en la religión de Palo Monte. Al parecer hoy en día, por lo visto, existen muchos inventores religioso; porque ven un librito que les dan la idea y ya los inventores se ponen a inventar el oficio Congo.

Pero Ser brujo y mago son las experiencia que se adquieren a través del tiempo y no taranqueta (brincando) verjas. Espero que estas lecciones les sirvan de consejos en los pasos a seguir en esta religión de Palo Monte, Encunia Lemba Sao, Enfinda Cunan Finda. Sala malecun Sambia Npungo me los cutare, (Dios me los bendiga).

Una Buena Cría Vale Un bando Igual A Un Buena Enseñanza
El Oficio Congo

Si verdaderamente tienen interés para aprender bien la religión de Palo Monte, nunca crean que lo saben todo. Entonces, mi esfuerzo y mi buena voluntad de escribir este y otros libros de Palo, no les servirá a los sábelo todo que si lo saben todo nada necesitan aprender nada.

Pero quiero que sepan, que más sabe (langunbe), el diablo, por viejo que por ser langunbe, el diablo. Ya nunca es tarde para uno aprender y el saber no ocupa espacio ni la lucema (cabeza) les va a crecer más. El hombre que se instruye, es sabio.

Tienen que aprender el origen trascendental de esta hermosa religión Palo Monte Mayombe, Encunia Lemba Sao, Enfinda Cunan Finda, Coma Cumacuende Yaya Mundo Carili, Brillunba Congo, Vititi Congo, Sacara Empeño, Guinda Vela, Musandi, los meteoros, brillaba engo Brillunba Lemba y todas las ramas de Palo. Que Sambia Npungo me los cutare (Dios me los bendiga).

LOS SIGNO KATIANPOLO SIGNOS TRAZOS

Al yo, decir signo, no estoy diciendo astral o fecha de nacimiento ni nada por el estilo, igualmente como se le saca su nombre. Es muy importante que se le saquen el signo que le corresponde al iniciarse. Donde el Tata de la casa marca por la entidad que le corresponde en su registro de Palo al pino nuevo.

Sea Su protector, sea cualquiera de las entidades de Palo un Nkita Empungo. Sea Zarabanda, 7-Rayo, Coballende, Lucero, Chola Wengue, Baluande Madre de Agua, Centella y Tiembla Tierra. De acuerdo a su ángel guardián que le corresponda. Es aquí donde los Tatas sacan los signos trazos en los plantes de Palo Monte para toda persona que se inicia; dándole también su nombre de iniciado al convertirse en un pino nuevo, moana Congo, dentro de este legado religioso, de la religión del Panteón Congo.

Sala Malecun, El Oficio Congo Sambia Npungo
Me Los Cutare {Dios Te Bendiga}

También dejo saber bien claro, que mas adelante en los plantes de antilangas, de tiempos pasados los moana Congo, (hijos defundamentos) se les dibujaban en un pañuelo este trazo, signos Katianpolo, que también hoy saber los colores que correspondiente. Mas solo atreves de un registro, es que se sabe todo lo que le corresponde al pino nuevo.

No es que yo quiera ser perfeccionistas, pero al estar escribiendo, me viene a mi memoria mis padrinos y esa ciencia de sabiduría y respecto como lo que había al principio del arribo de esta religión de Palo Monte a este país En donde se podía distinguir la esencia de esta religión de Palo Monte. Esto era de admiración y respeto que se ha venido perdiendo con el tiempo en los cambios modernos de la magia que encierra la religión del Congo donde los fieles creyentes sentimos la forma como se deteriora lo hermoso de este legado religioso.

Esto lo dejo claro en honor a los padres ganguleros, Tatas patriarcas, que dejaron sus huellas de sabiduría y como respectos a todos los Tatas del mundo que dejaron sus enseñanzas. Aun mas, que con licencia de Sambia Npungo, Sambia Sucucururo, Munan sulo {Dios del cielo y la tierra], y nuestra religión Kinbisa quien vence Santo Cristo Del Buen Viaje.

Hermanos (enpanguis), que todas las ramas juntas podamos mantener un legado religioso firme (paso guaso), una unión, una cadena, que nos una, sin importar la rama de Palo, a la cual pertenecemos. Ya que es por eso que aprender mata la ignorancia. Taita Empungo Casinbi Masa Cheche Bacheche Kisi Malongo Templo Lucero Mundo y buey con buey toditos son manitos (hermanitos).

Sala Malecun, El Oficio Congo Sambia Npungo
Me Los Cutare {Dios Te Bendiga}

EL OFICIO CONGO LOS KISI MALONGOS

Esperando que el Oficio Congo triunfe en esta religión de Palo Monte y que cada se coja conciencia, respecto a la religión de Palo Monte Mayombe y quiero que sepan mis enpanguis (hermanos), que monte no se hace de un solo árbol, que unidos y por el buen camino y el bienestar de nuestra religión de Palo Monte. Mas a los pinos nuevos que algún día cuando, yo Misael Ndoki, enfuiri (muerto), mis enseñanza les puedan servir de algún provecho.

Ya ven hermanos, que a lo mejor algo que ustedes no sabían de las diferentes ramas de Palo Monte Mayombe, este tesoro de información de mis experiencias, pondrá en sus vidas religiosas un camino y una guía, que ustedes le agregaran a su saber y de esa forma guiar los pasos de otros que en el futuro quieran conocer lo profundo de esta religión como los futuros ganguleros del Oficio Congo.

La hermosura, los secretos, los pactos, los tratados, los rituales las ceremonias de este legado religioso que van más allá de la verdad y justicia, que es la unión entre lo visible y lo invisible. Un legado, una unión, un compromiso religioso juramentos y pactos que nos une con el mundo invisible. La guía que tenemos para llegar a Sambia Npungo (Dios) y el mundo de los espíritus, empungo, enfunbes a través de sus emisarios mensajeros que rigen nuestro destinos. Las entidades espirituales que Sambia me los cutare. Consejo de Sabio – Ganancias para el futuro.

Sala Malecun, El Oficio Congo Sambia Npungo
Me Los Cutare {Dios Te Bendiga}

LOS REGLAMENTOS

Como en toda religión, congregaciones, grupo religioso sea en los templos, iglesias y sinagogas tienen sus mandamientos, costumbres y ceremonias. Esta del Panteón Congo, no se queda atrás y como dice un mambo (canto) de Palo, "Sábado de Gloria, domingo para la misa, domingo para la misa, domingo para la misa."

Esto es un mambo que se canta, que el munansos Congo es nuestra iglesia, nuestro altar mayor dentro de esta religión de Palo Monte. Por lo tanto este es el templo de Sambia Npungo (Dios), los enfunbes y las entidades enkita Empungo.

Hermanos este es un mundo en miniatura, nuestros báculos sagrados, los altares de palo monte mayombe. Tal vez para otras creencia religiosas serán diferentes, al de los grandes templos, por carecer de riqueza, lujos pero llega en su interior una esencia de fe amor.

El mismo propósito que es Sambia Npungo (Dios) y las nuestras plegarias que llevan un mensaje a los infinito donde allá en ensulu (en cielo) Sambia Dios nos escucha. Aunque no tengamos lujos, pero de algo, yo Misael estoy seguro que Sambia Npungo y sus emisarios siempre están con nosotros. La maona Congo que depositamos nuestra fe en lo que creemos, en esta religión de Palo Monte, Encunia Lemba Sao, Enfinda Cunan Finda.

Sala Malecun, El Oficio Congo Sambia Npungo
Me Los Cutare {Dios Te Bendiga}

MIS ENSEÑANZAS EXPERIENCIAS DEL OFICIO CONGO

De esta enseñanzas que les brindo de enchila Congo, de corazón Ya que A pesar de no tener grandes templos, poro llevamos los reglamentos conservaremos nuestra religión viento en popa. A pesar de las diferentes opiniones que puedan existir referentes al oficio Congo que nos tildan de brujos. Pero en el fondo, no saben lo que dicen. Pero mi hermano, para adelante es para ya y adelante con nuestros reglamentos. Mas siguiendo la fe viva, Ya que Congo baila en un solo pies y no se cae y es por tal razón que de mi parte me es un placer de enseñar lo que he aprendido por más de medio siglo.

Aunque alguien pueda pensar diferente, sea por ignorancia, o cualquier motivo de envidia personar. De la cual no detiene mis pasos en continuar enseñando lo que dios me ha dado y de lo cual me siento bien orgulloso de poder ser útil en los caminos de esta religión para brindar lo mejor de mi repertorio para los futuros ganguleros ganga mune nfumos magos kisi malongo y mariquillas engangas y los fieles creyentes.

Sala Malecun, El Oficio Congo Sambia Npungo
Me Los Cutare {Dios Te Bendiga}

REGLAS DE PALO MONTE

Lista

Primero amar a Dios sobre todas las cosas
Primero Sambi Simbiricu y después de Sambi Simbiricu
Primero Dios que todas las cosas

Respectar la religión
Respectar a sus mayores
Respectar a sus hermanos
Cooperación lealtad

Ser firme con sus juramentos
Defender la religión
Defender su templo munansos (casa)
Evitar chisme

LAS OFRENDAS A LOS EMPUNGO PASO A SEGUIR EN EL OFICIO CONGO

Pasos a seguir, concluida la ceremonia y rituales en plante de palo monte. Que es donde empiezan la ofrenda, que se ofrece a las deidades, enkita mpungos, los enkisis, baculas, {ancestro}, enfumbe muertos. En donde los vivos pactan con el mundo de los muertos aunque se trate de un sacrificio de animales, verdaderamente es así este oficio Congo sala malecun.

Ya que es parte de la religión de palo monte. Inclusive, es así que se halagan las mpungos deidades. En un plante de Palo Monte y Palo Mayombe, es parte de la ceremonia que esto quede claro. Ya que el sacrificio de los gallos, es de suma importancia en un plante. Para dar

Cuenta y a la misma vez, alagar a los mpungos, deidades del Panteón Congo por cada persona que se ha iniciado en el ritual.

De iniciación en el cual se consagran los fieles creyentes a este legado religión del panteón Congo. Dando un comienzo y así convertirse en miembros de esta religión. De la cual les estoy explicando detalladamente su función, de obras y procedimiento, de sus pactos y tratados y del misterio que encierra este mundo, de la religión del Congo, sea el oficio Congo, la brujería y la magia de los maní congos los loango y la regla de palo monte, Encunia, lemba Sao. Enfinda, cunan finda.

Sala Malecun, El Oficio Congo Sambia Npungo
Me Los Cutare {Dios Te Bendiga}

PROCEDIMIENTO PASÓ A SEGUIR

Para comenzar, se le lavan las patas, cabeza y el pico al Sunso (gallo). Luego uno lo aguanta mientras el otro con el Embele coto (cuchillo) en la mano le corta por la boca del gallo y luego por el cuello mientras deja correr la sangre (minga). En los recipientes, el Kindemo (cardero) y los candangos (cazuelas), báculos sagrados en esto momentos,

Por lo tanto se empieza los mambos (cantos) como parte de la ceremonia del ritual en la religión de Palo Monte Mayombe. En los sacrificios de la matanza, como ofrenda ceremonial, se le brinda a los Empungo espíritu superior del panteón Congo en los rituales donde se celebra una ceremonia. Sea de iniciación o un plante que se requiere sacrificio de ofrenda para las deidades.

Es aquí donde a través de estas ofrendas se cumple con los reglamentos que se hacen en la regla de palo monte en el cumplimiento de acuerdo a las reglas establecidas en este legado religioso que dentro de las reglas a través del tiempo siguen vigentes en los rituales. Donde se celebran plantes de palo. Sea en una rama u otra en la religión de palo monte.

Es por eso hermanos enpanguis, que esta información de cómo se realizan las obras, es de suma importancia para los futuros ganguleros que deben aprender bien este oficio Congo. Del cual es para mí un placer poderles enseñar, lo básico de los rituales y ceremonias sus cantos y plegarias. En cómo se practica esta religión de palo monte en los plante. Donde se celebra algún evento religioso, o donde allá que hacer alguna ofrenda. A continuación cantos, mambos de los rituales.

Sala Malecun, El Oficio Congo Sambia Npungo
Me Los Cutare {Dios Te Bendiga}

MAMBOS, CANTOS PARA EL SACRIFICIO

El guía dice: Yeyengueribo, Sangre, sale sangre
Coro dice: Sangre, sale sangre
El guía dice: Yeyengueribo, Sangre, sale sangre
Coro dice: Sangre, sale sangre
El guía dice: Yeyengueribo, Sangre, sale sangre
Coro dice: Sangre, sale sangre
El guía dice: Ahora minga va correr
Coro dice: Como corre
El guía dice: Ahora minga va correr
Coro dice: Como corre
El guía dice: Ahora minga va correr
Coro dice: Como corre
El guía dice: Ahora minga va correr mi tintorera
Coro dice: Como corre
El guía dice: Ahora minga va correr mi wachilanga El puede dice
También: Sangre sale lai, lai, la
El guía dice: Sangre difunto, mi padre son difunto
Coro dice: Mi padre son difunto, padre son difunto
El guía dice: Sangre difunto, mi padre son difunto
Coro dice: Mi padre son difunto, padre son difunto
El guía dice: Sangre difunto, mi padre son difunto
Coro dice: Mi padre son difunto, padre son difunto

PROSIGUIENDO CON LAS LECCIONES

"La Matanza"

Santiguando

Empangui hermano de la religión de palo monte Encunia lemba sao, enfinda cunan finda. Ya que cada paso tiene su función en donde sea los rituales de este legado religioso por los cuales les brindo estas explicaciones de los diferentes rituales y obras del oficio Congo, el cual en sus prácticas varían dependiendo la rama de palo sea mayombe brillunba o kinbisa.

Ya que de acuerdo a mis experiencias vividas dentro de las tres ramas se que la variación se diferente en su función motivo que me hace a mi explicar con lujo de detalle ya que en la reama de kinbisa santo Cristo del buen viaje el animal de cuatro patas los chivos mene y los carneros se

Santiguan antes de las ofrendas se trazan firmas se les hace sahumerio se le echa mamba

Por lo tanto cada rama de la regla de palo monte en este oficio Congo tiene sus rituales ceremonias para cada obra en conforme a la rama de palo monte que sea, reglamentos de la magia de este mundo de la muramba los bilongos los kimbinbasos la magia de la brujería. De la cual hace de este oficio Congo algo excepcional de esta religión de palo monte, en donde Casimiro espanta la mula {ganga} báculos sagrados los altares congos

LA PRESENTACIÓN

Esta operación de los gallos se hace primero si no se da un mene (chivo) o un carnero o una jicotea. Pues, los animales de cuatro patas son mayores y debe ser un Padre o Tata. Es el que está autorizado para estas matanzas. En las ceremonias, aunque existe persona que no están facultativos para hacerlo, lo hacen. Son faltas de respeto a la religión y los mayores.

Por lo tanto el monaguillo jamás puede hacer la misa como el Sacerdote. Pues existen ciertas ceremonias que se requiere conocimiento y autoridad facultativa. Mas esta es mi razón de brindarles mis cocimientos de lecciones de lo que se hace en este oficio Congo, en esta religión de palo monte. Para que aprendan bien este oficio en honor a

Nuestros baculas, ancestros que nos dejaron esta religión de palo monte de sus legados, como la herencia de padres a hijos.

Tesoro que se debe conservar sin alterar el producto de la esencia espiritual que perfuma la vida de los fieles creyentes, que conservamos lo hermoso de esta religión de palo monte, Encunia lemba Sao, en finda cunan finda. De la cual les quiero enseñar de lo vivido por mis experiencias ejerciendo este oficio Congo.

Sala Malecun, El Oficio Congo Sambia Npungo
Me Los Cutare {Dios Te Bendiga}

Especialmente les hablo de cuando se trata de un animal de cuatro patas. Lo que se debe hacer correctamente antes del sacrificio Igualmente, como en la religión Yoruba, la Santería que hay que recibir pinaldo (cuchillo) para poder hacer estos sacrificios. Por tal razón, es que en Palo Monte Mayombe tienes sus reglamentos que no se deben alterar.

Pues más adelante, pueden traer malas consecuencias por respeto a las leyes religiosas. Que Son como los mandamientos cuanto uno jura de enchila (corazón) y no de facenda (mentira) y se pasa brincando taranqueta (vejas) ajenas. Por lo tanto. Eso es traición a Sambia Npungo (Dios). Al jurar ante él y la en religión de Palo Monte Mayombe.

Por lo tanto espero que mis consejos no los cojan como regaños, si no para que en un futuro puedan dirigir sus pueblos como yo Misael los he servido al guiar, aunque, siempre salen aura tiñosa persono que cambian más de religiones y padrinos que de vestimenta. Pero mis enpanguis (hermanos), bien claro dice un canto de palo que dice:

Muere uno y nacen dos, arriba enganga arriba enganga
Muere uno y nacen dos, arriba enganga
Muere uno y nacen dos arriba enganga
Hoy aquí mañana por allá y hoy aquí mañana por allá."
Mañana por allá mañana por allá
Hoy aquí mañana por allá mañana, mañana por allá
Mañana por allá

Sala Malecun, El Oficio Congo Sambia Npungo
Me Los Cutare {Dios Te Bendiga}

Como ustedes verán, el oficio Congo son cosa seria y negro ríe pero no es tan tonto, mas el que el ultimo que ríe, ríe mejor. Así es que esta profesión, que también tiene traidores como judas que vendió al maestro. Por eso es que el que sabe no muere como el que no sabe y para este oficio, yo les puedo garantizar que si no me supiera defender, ya estuviera enfuiri (muerto) en la tierra de los calvos o en cardero metido.

Oh! Quién Sabe, ¿Que ustedes creen? Pero Gracias a Sambia Npungo (Dios) y gracias a mi ángel guardián la Santísima Virgen de la Caridad del Cobre (Ochun),

Santo que tengo coronado por muchos años. También a todos mis muertos, mis fundamentos Lucero, Sarabanda, 7-Rayo, Coballende, Chola Wengue, Madre de Agua, Centellita, Nborufinda, Viento Malo, Diente de Caimán y todos mis enfunbes. Como les diré, que siempre tiene que atender los espíritu y aprender todo lo posible que se pueda aprender del oficio Congo de Brujo de Malongo, Cheche Bacheche. Que Sambia Npungo me los cutare. Consejo de mayor ganancia para el futuro.

Sala Malecun, El Oficio Congo Sambia Npungo Me Los Cutare {Dios Te Bendiga}

COMO CONVERTIRSE EN UN KISI MALONGO (BRUJO)

Este oficio solo es cuestión de encontrar las personas correctas o un guía de enseñanza adecuado de lo que verdaderamente es este oficio Congo. Porque en la religión de Palo Monte y Palo Mayombe, como todo

Tiene sus paso, que se tienen que seguir y ceremonias y rituales que se tienen que hacer en la iniciación.

Por lo tanto hermanos, este es el modo como se comienza o sea rallarse en palo y de esto mismo. Es el paso más importante de esta carrera. Pues, es una profesión igual a otras que se hacen en la vida sea en lo físico como en espiritual en la cual, sea en cualquier Santoral Espiritual, Católico, Yoruba y Congo, se tiene que aprender de esa manera a través de los bautismo y preparaciones en las iniciaciones para formar parte de los legados religiosos que nos dejaron nuestros ancestros del panteón Congo y sus siete reinos, bacongos, mani congos loango.

Sala Malecun, El Oficio Congo Sambia Npungo
Me Los Cutare {Dios Te Bendiga}

QUERER ES PODER

Así es que se comienza en todo y tener devoción fe y darle seguimiento sobre todo que es mi mayor propósito en enseñarles de esta religión de palo monte. No esperando que todo caiga del cielo y sin hacer el mínimo esfuerzo de aprender que es de sabios. Ni que del cielo caigan dones, ni virtudes, ni potestad.

Hermanos enpanguis, quiero que comprendan que el poder depende de la superación y la batalla de devoción y el deseo, ya que cuando son fáciles, no es batallas de conquista. Es menester muchas veces en nuestra vida tener desafíos con nosotros mismo.

Obstáculos que son las pruebas en nuestras sobre vivencia, para poder comprender, el yo propio, cuando de querer se trata. Así es que si se lo proponen, en ser kisi malongos, {brujos}, paleros. Porque no, si superarse es de sabios. Mas solo basta querer, para poder, ya en este manual de enseñanza encontraran un guía en la religión de palo monte del cual, son mis experiencias vividas dentro de este oficio Congo para guía de ustedes.

Sala Malecun, El Oficio Congo Sambia Npungo
Me Los Cutare {Dios Te Bendiga}

Es aquí hermanos, donde a través de las fases de la vida, es que verdaderamente se prueba a uno mismo, para saber lo que uno es capaz de lograr. Desafiando a lo imposible, convirtiéndolo en posible. Como verán ustedes si uno mismo no es capaz de aconsejarse aunque lo aconsejan a uno está uno perdido. Ya que mi propósito de mi enseñanza es animarlos, para que asiera puedan resolver sus vidas propias y lo relacionado a la religión de palo monte.

Aun mas que es donde radica la fe, sea en palo o cualquier otra religión existente. Porque les digo por experiencias propias que, entonces si no existe voluntad o deseo de lograr sus metas que se proponen en la vida, sea en espiritual como en lo físico. Entonces pierden el tiempo en aprender este oficio Congo de la brujería y sus secretos.

Sala Malecun, El Oficio Congo Sambia Npungo
Me Los Cutare {Dios Te Bendiga}

Este oficio de Brujo Gangulero, Palero y Mayombero se tiene mucho que aprender y al iniciarse en la religión. Es que cuando uno empieza a dar cuenta de lo hermoso de lo que encierra y la claridad. Como uno empieza a dar sus primeros paso, es cuando la lucema (cabeza), y en endunbo (el cuerpo) siente las corrientes fluidos espirituales desde de el comienzo de la ceremonia.

Siempre y cuando sea verdadera y con un Tata responsable de un templo munansos (casa) Congo donde se reúnen también los enpanguis (hermanos), el bocanyula (mayordomo), la nariguilla, yaya (madre) del munansos (iglesia) como testigo y que son indispensables parea este tipo de plante.

Donde no deben faltar las personas mencionadas, cuando se está realizando un plante de palo sea un ritual donde se hace una presentación para iniciar personas en la religión de palo monte.

Sala Malecun, El Oficio Congo Sambia Npungo
Me Los Cutare {Dios Te Bendiga}

¿QUE ES UN FORZOSO?

Solo bajo una exención, que es cuando hay un forzoso, que es un caso de emergencia. Ya como ustedes los futuros ganguleros, todo tiene su ritual en la religión del Panteón Congo y se de seguir según lo recomendado.

Paso por paso, esta religión tiene tantos misterio y secretos que en mi trayectoria de tantos años en lo que vengo ejerciendo, le puedo jurar que tras día se aprende. Esta es la razón, por lo cual, yo Misael les digo, que esto es por mi propia experiencia en estas prácticas del Oficio Congo.

Mi razón es la siguiente, que ustedes aprendan lo fundamentar de esta profesión de la muramba, la brujería dentro de la religión de palo monte para que un día puedan llegar a ser grandes paleros brillunberos, Mayomberos kinbinseros en la regla de palo monte, de la cual puedan sacar provecho de mis experiencias ejerciendo este oficio Congo.

Sala Malecun, El Oficio Congo Sambia Npungo
Me Los Cutare {Dios Te Bendiga}

De aprender también se hace de su padrino (Tata)) si de la escuela del vivir se reparte el conocimiento también de sus enpanguis (hermanos. Si la voluntad es de enseñar, por la practica adquirida si algo se ha aprendido, OH de la escuela del más allá, ese mundo de sabiduría, las entidades, mpungos, que componen el Panteón Congo y sobre todo de, Sambia Npungo (Dios).

Pero eso no es todo, existe lo más importante que es los Ángeles guardianes y espíritus protectores y los muertos (enfunbes). Esos gandos que endoki enfuiri (que están en el cielo) que siempre están con nosotros.

Los amigos inseparables el perro guardiero y el perro de la prenda {ganga} lo cual quiero aclarar como se le llama en esta religión de palo monte. mas yo digo en mi munansos Congo templo, Embele viejo guarda {machete viejo} su amo, como forma de dichos de palo de cómo machete viejo protege a su amo que vengo siendo yo.

Sala Malecun, El Oficio Congo Sambia Npungo
Me Los Cutare {Dios Te Bendiga}

Así es este oficio Congo por pactos y tratados que se hacen tal como en un mundo espiritual, atreves de emisarios que son los que nos juran y nos instruyen. Eso sí que nunca te traiciona que son fieles cuando de verdad y justicia se hace las cosas bien hechas. Siempre contando con los enfunbes (muertos) que cuenda enfuiri (los personas que han muerto).

Oración

Por eso se dice en esta oración con licencia, Sala Malecun. Licencia Sambia Npungo, Sambia Sucucururu munan sulo munan Toto, "Dios del cielo y la tierra". Licencia todo Gando que cuenda enfuiri, espíritu protectores con su presencia. Licencia cuadrilla Congo. Licencia cuna lemba, lemba sao. el tronco mayor de la distancia. Con licencia Encunia mundo garabato.

Con licencia, enfinda, cunan finda. Licencia Santa María que encumbre a Sambi. Licencia mundo carili, licencia quinto piso, MA Colunga. Licencia Chola Wengue. Licencia Lucero. Licencia Sarabanda. Licencia 7 –Rayo. Licencia, cumaneco Santo en pena coballende. Licencia a toda la moana Congo bocanyula enfanga. Licencia todo lo Tata Tatangui que cuenda endoki enfuiri. Licencia Guardiero en enfanga mayordomo. Licencia a todo enkita Empungo, Empungo masa "licencia a todo Empungo espíritu superiores e espíritu de las aguas".

Yo bakeque para zarabanda, yo jure para sarabanda, yo jure para chola wengue candongo chola, Kindemo siete rayo buen sasi nsasi dinamututo hasta que yo endoki enfuiri hasta el día que me muera. Sala malecun.

Sala Malecun, El Oficio Congo Sambia Npungo
Me Los Cutare {Dios Te Bendiga}

Esta oración y todas las oraciones en los plantes, los cultos y ritos de esta oración se dice con licencia. Pues hoy en día, por lo visto, ay mas Tatas y Yayas, que sin saber el oficio inventores de engaños, profanadores en la reglas de palo monte, que en la larga los pagan.

Por lo tanto hermanos enpanguis Sambia Mpungo Dios me los cutare me los bendiga. Ya que aprender es de sabios. Por eso, aprender les puede abrir los ojos al distinguir lo que verdaderamente los procedimientos y función e practicas de este oficio Congo a seguir dentro de este oficio Congo del cual es, para mí un placer poderles ser útil como guía de la enseñanza de los rituales y ceremonias, pactos y tratados que encierra esta religión de palo monte, Encunia lemba sao, enfunda, cunan finda y la regla de palo monte.

EL SEGUIMIENTO

Para ya los iniciados y los que están por iniciarse en la religión de palo monte mayombe. Quisiera que repasaran estos textos que son mis propias experiencias de mi vida espiritual. Siendo un malongo (brujo) santero mayor espiritista por más de medio siglo mucho antes que arribaran a este país la religión de palo y la santería ya registrada con miles de ahijados. Tanto en el Santo como en el Palo y he sido espiritista y brujo desde mi niñez y medio siglo de experiencias que no se compra en la farmacia, y a mí no me la regalaron.

De este legado religioso, por eso es que este tema se llama "Seguimiento," Para lograr las metas en la vida sea en lo físico como en lo espiritual. Por lo tanto en esta religión de palo monte es de suma importancia darle seguimiento nutriéndose del saber, de la función de este oficio Congo.

Ya que en fondo de canasta, es el cimiento estructurar de los báculos sagrados, en donde comienza, quinto piso. Sea los altares congojen donde se encierran los misterios. Es por eso que tenemos que darle continuidad a lo que nos propones, con deseo voluntad, entusiasmo y sobre todo, fe y aprender bien este oficio. Ya que El seguimiento es muy importante en la profesión del Mayombero, Palero, Brujo en este oficio, ya se Requiere de tiempo. Que es un factor muy importante para aprender, o sea la razón la cual la dedicación, la practica hacen la perfección. Ya ven que aprender es de sabio. Amen Aleluya que esto va bien.

Sala Malecun, El Oficio Congo Sambia Npungo
Me Los Cutare {Dios Te Bendiga}

No es tener un jardín y no rociarlo. No es criar fama y acostarse a Dormir. Ya que en esta profesión es muy peligrosa y ay que estar con el bioco, mensu (ojos) bien abierto y siempre atento. Porque si no, te destronan y te mandan para la tierra de los calvos y camarón que se duerme, se lo lleva la corriente. Por lo tanto simplemente atento. Ya ven porque el seguimiento es tan importante.

La práctica hace la perfección y este oficio es así. La sabiduría se adquiere a través de lealtad fe seguimiento para de esa forma, profesional. Las habilidades en este oficio puedan aumentar.

Sala Malecun, El Oficio Congo Sambia Npungo
Me Los Cutare {Dios Te Bendiga}

SECRETOS DE FONDO DE CANASTA

Al hablar de este tema, es palabra santa porque en fondo de canasta es que se encierran los misterios de los báculos sagrados de los carderos sea las gangas, las prendas, las macutas la wanga, donde Casimiro espanta la mula en este oficio Congo. Es por eso que muy importante en este mundo que es de los magos, los grandes Tatas emfumos malongos, ganguleros, reyes en si en este oficio Congo.

Donde la magia de la bujería de los misterios de la religión de palo monte, bien claro está, que muy pocos saben lo que es el fondo de canastas, donde se guarda los misterios de los báculos sagrados de la religión de palo monte. Donde la macuta la wanga los receptáculos sagrados guardan los secretos.

Ya que estas formulas conservan secretos que por su dedicación costumbres y herencia. Las que nos dejaron las semillas de lo creado en cimiento religioso.

En donde se fundaron la religión del palo Monte, desde que se origino. Pasando de manos a manos y dándole seguimiento a la religión del panteón Congo.

Sala Malecun, El Oficio Congo Sambia Npungo
Me Los Cutare {Dios Te Bendiga}

Enpanguis (hermanos), que es como hoy en día disfrutamos lo del pasado y transformándolo a un presente, por el seguimiento que se le ha venido dando y que de esa misma forma, lo que nosotros, los fieles creyente de palo monte mayombe, le podamos dejar a nuestros sucesores, que es como una cadena de eslabones, a eslabón.

Por eso es que la religión de palo tiene sus reglamentos, leyes y seguimientos. Que debemos conservar para que de esa forma, jamás muera la esencia de nuestra religión de palo monte y que sigamos esparciendo por la faz de la tierra. Esa semilla de lo que nos dejaron nuestros antepasados, que a pesar de doblegar sus cuerpos a los que aceres diarios, jamás pudieron doblegar su fe por la que ellos poseían.

Sala Malecun que la enseñanza nutra de sabiduría a todo aquel que de la ignorancia de creerlo saber todo hace camino de sabiduría superándose de la savia del vivir y recibir para aprender algo más de lo que sabe es de Sabio.

Sala Malecun, El Oficio Congo Sambia Npungo
Me Los Cutare {Dios Te Bendiga}

LOS BACULAS NUESTROS ANTEPASADOS

Es aquí donde la prueba de fe hace el milagro; si tan solo pensáramos en el ejemplo vivo de nuestros, baculas, antepasados que a pesar de todas las opresiones, a las que fueron sometidos, le dieron seguimiento. Eso si eran digno de admiración y respecto. Que yo les pido licencia a todos ellos, los hombres y mujeres de la religión del Panteón Congo que nos iluminen y sembrando en todos aquellos enpanguis (hermanos) que piensan de la misma forma de conservar un legado tan sagrado como es la religan de Palo Monte, Palo Mayombe en el oficio Congo. Los Kisi Molongos, los Cheche Bacheches, los Tatas que hemos sabido darle y lealtad a lo que profesamos con devoción y amor siguiendo las reglas de palo monte al pie de la letra.

Sala Malecun, El Oficio Congo Sambia Npungo
Me Los Cutare {Dios Te Bendiga}

Con licencia y respeto a mis enpanguis cubanos y aburres, santeros y paleros que trajeron con ellos la semilla para que se siguiera esparciendo. Eso es lo que yo, Misael digo siempre, siempre que importante es el seguimiento. Así es mi enpanguis que si empiezan algo en sus vidas, nunca se olviden de eso, que la practica hace la perfección y para ellos, tenemos que darle seguimiento.

Mas así es mi vida espiritual, este oficio que día tras día se aprende y que aprender no ocupa espacio. Buen lumbo (salud) y que Zambia me lo cutare. Por Sarasaños en los pasos a seguir dentro de la enseñanza del oficio Congo.

LOS VERDADEROS VALORES RELIGIOSO

Existen frases o dichos, palabras o pensamiento que vienen siendo parte de la escuela de la vida. Incluso, son verídicos, por ejemplo, dime con quién andas y te diré quién eres. Otro que dice al que a buen árbol se Arrima buena sombra. Lo cobija también el que siembra viento, recoge tempestad. Es asombroso como se dice que en guerra anunciada, no muere soldado.

Por tal razón, es que conservar los valores religioso a través de nuestra conducta. Es de suma importancia para nosotros y la religión de Palo Monte, Palo Mayombe. Ya que por nuestros actos o conducta. Es como se puede distinguir a los verdaderos Padres (Tatas) dentro del Oficio Congo, del cual les estoy narrando en estas páginas, donde por mis valores religioso es que me encuentro completamente facultado en el ejercicio de esta religión de palo monte, donde incluso. Ya llevo más de medio siglo en la práctica de palero, Mayombero, santero, espiritista siendo un cheche bacheche kisi malongo. Oréate Omorisha ochun a la mace taita Empungo casinbi masa.

Sala Malecun, El Oficio Congo Sambia Npungo
Me Los Cutare {Dios Te Bendiga}

Es aquí donde comienza la moral y la frente en alto. Es sentirse uno orgulloso de lo que uno es a pesar que otras personas por que no se comparten los mismos ideales religiosos puedan pensar diferente. Hablan de los paleros y los brujos del Oficio Congo. Pestilencias sin saber a fondo lo verdadero de esta religión y los misterios que encierra.

Yo Misael, me siento orgulloso de lo que soy a pesar de opiniones que puedan verter de mi en contra de la religión o viceversa. Pero los valores dentro de la religión son muy importante para no estar en boca del mundo, por nuestra conducta, deshonórale o por haber tomado elecciones mal Tomadas.

Obviamente que es donde por uno pagan los otros o sea justo por pecadores aun mas dejo bien claro que si en algo he podido hacer ofensa a este legado religioso soy humano en errar pero de que soy fiel a mis principios religiosos Sambia npungo mi Dios lo sabe. Más así me gustaría que ustedes los futuros ganguleros, sean dentro de esta religión de palo monte.

Sala Malecun, El Oficio Congo Sambia Npungo
Me Los Cutare {Dios Te Bendiga}

No es que, yo Misael, espero que se conviertan en Santos. Pues, Zambia Npungo (Dios) tiene ya su ejército de santo. Pero dar un buen ejemplo corporal como espiritual, es una regla de la religión. Ustedes pensaran al leer este libro, Que yo el Tata se quiere convertirlos en santo. No es eso mis enpanguis (hermanos). Es por tal razón, que la reputación de la religión queda en tela de juicio por los impostores que se introducen los falsos impostores; que realizan actos, inhumes y todavía voy más allá.

Los profanadores de religiones y religiosos que no han sabido conservar la postura, tomando elecciones mal tomadas y por eso no es tener postura con una conducta, humanamente religioso, como representantes de las religión de Palo Monte y Palo Mayombe. Encunia lemba sao, infunda, cunan finda, es conservar la esencia viva, de este legado religioso. Haciendo honor a nuestro baculas ancestros que fundaron la regla de palo monte.

Sala Malecun, El Oficio Congo Sambia Npungo
Me Los Cutare {Dios Te Bendiga}

Aun más esto nos da la oportunidad de ser un buen ejemplo para nuestra religión, si de ella hacemos buen uso. Ya que Personas infiltrada, con mala conducta nos procrean una mala reputación. Esto, yo Misael, doy fe y testimonio para que los futuros padres y madres del Oficio Congo sean el ejemplo de su pueblo o sea el munansos Congo {templos}. Es nuestra iglesia, igualmente que cualquier santoral y se debe respetar en defendiendo lo que nuestros antepasados nos dejaron.

Porque Si en la iglesia católica o Templos en las ceremonias en la santa misa se conserva una conducta implacables. Aunque hoy en día, nos han dejado a sombrado y tratemos de mantener nuestra conducta limpia. Así es la vida de un verdadero hombre de fe, aunque lo cataloguen de brujo. Pues, si a Cristo le hicieron lo mismo que nos digan a nosotros que somos el demonio, o que trabajamos con lo malo. Mantengan la frente en alto y con orgullo y que ser espiritista, santero o palero, no es un pecado.

Sala Malecun, El Oficio Congo Sambia Npungo Me Los Cutare {Dios Te Bendiga}

EL GANGULERO

Hermanos enpanguis, moana Congo como, el principio dio vida. Como Sambia Npungo (Dios) dijo, "hágase la luz" y la luz fue hecha. Viendo la oscuridad, las tinieblas hizo la luz. Para que todo aquel que en el creyera nunca tuviera en las tinieblas. Sambia npungo (Dios) también dijo, "Buey con buey, todo son manito, seguidme, que yo soy la luz y el entendimiento del existir.

En mi nombre todo se puede hacer y que nada más de pan vive el hombre. Es así como el ser humano, por necesita, empieza las religiones, ofrendas, sacrifico, ceremonias que es como se **halaga** a Sambia Npungo (Dios) y sus emisarios. Nuestro creador, Sambi munan sulu, munan toto (Dios del cielo y de la tierra). Que es como los paleros y cristianos decimos "primero Sambi Simbiricu, después de Sambi Simbiricu," (primero Dios que toda la cosa). Entonces, el oficio Congo no es como lo ven desde lejos. Sin saber que Sambi hizo ensulu (cielo) para él y hizo entoto (tierra) para la moana Congo donde todos antes, sus ojos son manitos (hermanos).

Pero, le dio potestad a las entidades los mpungos igualmente a los kisi Malongo, ya los kisi que son los brujos del oficio Congo y la gente nos llama de esa manera, ya la vida de un gangulero es ser padre sobre todas las cosa para ser el ejemplo de la religión de palo monte.

Sala Malecun, El Oficio Congo Sambia Npungo
Me Los Cutare {Dios Te Bendiga}

LA OBRA DE SAMBIA NPUNGO {DIOS}

Pero aun mas en este oficio Congo de palo monte Zambia los puso como dirigentes jefes caciques, como los consejeros, curanderos para dirigir sus pueblos, ya es un privilegio, un don que con la ayuda de Sambia Npungo Dios y sus emisarios, ya que es el que transmite los mensajes del mundo espiritual. Una profesión como cualquier otra, conocedores de todas las plantas y medicinales son los médicos de los pueblos y despojan los espíritus inmundos que se aposesionan de gentes inocente.

Estos personajes son sabios en los predicciones, en advirtiéndoles de los peligros y trayendo soluciones a las vidas de muchos seré vivientes. Que en una u otra ocasión, han podido comprobar la eficacia de los Kisi Malongo, los gangulero y los brujos en curaciones milagrosas.

Ya que todo malongo, brujo no trabaja malo, ya que este oficio Congo existe de y todo endoki bueno y endoki malo. Donde Casimiro espanta la mula en son de guerra, así es mis enpanguis hermanos tampoco se puede ser uno muy bueno porque confianza mato a su amo por confiar en él y amigo de hoy enemigo de mañana.

Sala Malecun, El Oficio Congo Sambia Npungo
Me Los Cutare {Dios Te Bendiga}

En esta religión de palo monte Hay mucho de que hablar y mucha tela que cortar y mucho que aprender cuando se trata de la religión y de personaje, con plenos conocimiento dentro de las diversas religiones. Pero como estoy hablando de paleros y Mayombero lo que soy.

Yo tratare de ser explicito en mis enseñanzas de mantener me en el mismo tema. Jamás denegando lo que he sido en mi mundo espiritual. Dentro y fuera de lo que he sido a través de mi trayectoria de más de medio siglo dentro de mi vida espiritual y como Santero mayor siendo un sacerdote mayor, con rango de oréate y espiritista, como presidente de mesa blanco por más de medio siglo al servicio de las diversas religiones. De las cuales he ejercido por tanto tiempo en mi vida espiritual y que hoy les brindo mis experiencias como guía de enseñanza en esta religión de Palo Monte, Encunia Lemba Sao, Nfinda Cunan Finda.

Sala Malecun, El Oficio Congo Sambia Npungo
Me Los Cutare {Dios Te Bendiga}

¿QUÉ ES UN GANGULERO {PALERO}?

Dejo claro que soy Espiritista, Brujo, Mayombero y Santero, en el cual soy Omorisha, Oba Sacerdote del la religión Yoruba y volviendo al tema de palo que es mi profesión de malongo "Gangulero" brillunbera. Les digo que todos los que creen en esta religión de los paleros. Fueron enguello, que a través del tiempo iniciado en la religión, han llegado ser de padres y tambíen madres, Yaya que tienen sus fundamentos báculos sagrados. Sea los altares de palo monte.

Esta palabra de prendas son los báculos y recipientes en los cuales, es parte de la religión. Ya que viene siendo nuestro altar en nuestro munansos Congo templos y casa religiosa, en la practica la religión de Palo Monte y Palo Mayombe. Como ustedes puedan apreciar, cada palabra y cada objeto que se venera en la religión de Palo Monte Mayombe, Todo tiene un significado, que es Kindemo (cardero de hierro) con sus secretos, que mas adelante les explicare con lujos y detalles desde el fondo de canasta de quinto piso.

Sala Malecun, El Oficio Congo Sambia Npungo
Me Los Cutare {Dios Te Bendiga}

Todavía no se adelanten que falta mucho de que hablar, en referente a Este oficio Congo, por lo tanto No se adelanten que la carroza no puede ir delante de los caballo. Poco a poco, se llega a lejos. Ya que en mis enseñanzas, mi propósito y el de mi muertos, es que aprendan bien el oficio Congo con paso guazo (paso firme).

Ya que el gangulero, es un padre enganga, aquel Tata (Sacerdote) mayor, el Kisi Malongo con facultad que son los que verdaderamente el valor que se le debe dar a un padre o madre enganga. Dejo claro y quiero que sepan los inventores que por que leen un libro y ya están rallados (iniciados) en la religión de palo monte. Se toman el atrevimiento de hacerse pasar por sacerdotes sin haber sida monaguillos. Ya que Para gobernar primero se tiene que aprender a escribir, ya en Este oficio de la muramba el bilongo la brujería y para simba y espantar la mula se tiene que aprender primero a simba.

Mas decir vamos para el velorio Estanislao, que Congo no son manteca y si es manteca no se derrite y hasta Congo baila en un salo pie y arrea fula {pólvora} y que llega lejos, yo no mete con nadie mi enpangani, y con mi enganga no se juega mi enpangani y si se juega con cuidado mi enpangani, ay un Congo cara este es el oficio Congo.

Sala Malecun, El Oficio Congo Sambia Npungo Me Los Cutare {Dios Te Bendiga}

Porque en verdad les digo que dentro de este oficio Congo la falta de respectos a sus mayores y la religión. Es un desprestigio que a la larga, todo se paga y come se dice, que hijos eres y padre serás," por eso se debe dejar el orgullo y la vanidad a un lado cuando se está aprendiendo este oficio Congo de la brujería porque en las guerras siempre pierde uno.

Más que lo que le haces mal a una persona, se les puede viral un día en contra de todo aquel que sin tener motorización y sin ver recibido un fundamento. Se han puesto a inventar. Un Tata, padre, yaya y pinos nuevos tienen que pasar por la ceremonia mencionado. Son Báculos, secretos, firmas, signos y cantos rituales que deben ser personas preparada para esta profesión.

Del oficio Congo que encierra tantos misterios que nunca se terminaría de explicar. Se necesitan una biblioteca completa y todavía así, no estaría, completa la enseñanza por eso este guía de enseñanza les abrirá las puertas a la muralla que separa los secretos ocultos de este legado religioso de palo monte mayombe, Encunia lemba sao, enfinda cunan finda.

Sala Malecun, El Oficio Congo Sambia Npungo Me Los Cutare {Dios Te Bendiga}

SECRETOS PERDIDOS EN TUMBAS

Pues muchos secretos están en las tumbas de nuestros mayores que en su tiempo enseñaban tan lentos y con toda la cautela de saber a fondo, si el iniciado era digno de la enseñanza. Esos eran los tiempos de antilangas, tiempos pasados, que para una persona llegar hacer un padre, tenía que Pasar por diferentes ceremonias y se decía "hoy son hoy, mañana son mañana," y te hacían a un lado hoy, pero tenias que esperar para ver ese mañana.

Mas ello decían que "bebe en panales, solo sabe gatear." Al contrario, a lo que he podido visualizar en estos tiempos, aunque todavía en los mambos y, ay congos, como mismo dice un canto, que dice "ay un Congo cara y Congo cara," ay un Congo cara y otro que dice todavía, todavía, todavía lo Congo no termina, todavía, todavía, todavía lo Congo no termina sus cantos, mango dan mucho que explicar.

Ya que sus pulla son instructivas y traen mensajes que para los buenos entendedores. No se le tiene que explicar mucho para saber. Y aprender del pasado para tener un futuro dentro de este oficio Congo donde para espantar la mula se tiene que aprender bien Este oficio Congo para poder llegar a ser un gangulero de enchila Congo corazón Congo y silbar como cariri ensolo {el viento}. Mas no es criar fama y acostarte a dormir, por que ser grujo gangulero, es dormir con un ojo abierto, por si la mosca espantan y te quiere picar como mosquito.

Así es esta religión de palo monte hoy aquí mañana por allá y el que sabe no muere como el que no sabe dentro del alcance del vivir. La religión de palo monte tiene tantos misterios que si nos vamos a ese mundo del mas allá donde el vivo pacta con los muertos en pactos y tratados nos encontraríamos en el cosmos espiritual.

Donde nuestros baculas ancestros y muertos y Empungo, deidades entidades espirituales que son los emisarios de nuestro creador Sambia npungo sucu cururú munan sulo que nos da a nani entoto {la tierra vendida} como el habitáculo sagrado creando a infindo {el monte} donde

Congo hace su lavo labor. Así es esta religión de palo monte. Encunia lemba sao, enfinda cunan finda

Sala Malecun, El Oficio Congo Sambia Npungo
Me Los Cutare {Dios Te Bendiga}

APRENDER NO OCUPA ESPACIO

Por eso yo Misael, les sigo diciendo, no se apresuren, que todavía no hemos terminado de dialogar y que se preparen para el resto que viene, Ya que la magia del saber es aprender, si en verdad te gusta jugar palo y se quieran dedicar a este oficio de la brujería y así poder espantar la mula y silbar como el viento. Sambia Npungo (Dios) y mi enfunbe, muertos tienes sus mañas en las cual me han enseñado esta religión.

La cual sigue y seguirá siendo donde los fundamentos y sus reglas se deben conservar como un tesoro. Ya que hermanos es majestuoso lo que se puede mantener, como un cofre de luz que elimina aquellos, que de corazón (enchila), sabe aprecia el bien que esta religión. Nos provee dándolo lo que nos merecemos por nuestros acto y según llevamos las reglas en haciendo honor a los patriarcas fundadores de esta religión de palo monte brillunba kinbisa y mayombe ramas de un mismo palo en lo que es la religión de Palo Monte.

Sala Malecun, El Oficio Congo Sambia Npungo Me Los Cutare {Dios Te Bendiga}

Ya que La grandeza estabilidad y la salud no tiene precio, ni la sabiduría se compra en farmacias. Porque Esto es mucho mas, de se recibe de la religión de Palo Monte Mayombe, el Panteón Congo cuando se vive la verdad de la esencia que perfuma el alma del creyente que en verdad es Congo de enchila de corazón Congo.

Por eso en mi enseñanzas remonto al principio donde mi vida de palero comenzó dando pasos dentro de esta religión. Mi vida espiritual, me lo ha demostrado con creses de virtud y sabiduría la cual quiero compartir con ustedes y son mis experiencia de años laborando el oficio Congo que me demostrado que esas fuerzas son superiores en entendimiento y sabiduría para los hombres y mujeres de fe que nos apoyamos de fe en la religión de palo monte mayombe brillunba y kinbisa.

Esta es una demostración del poder que encierran los misterios del panteón Congo los maní congos loango los siete reinos congos llenos de potestad dentro de los misterios de sus deidades Empungo enkita, zarabanda, siete rayo, lucero, centella baluande madre de agua chola wengue Mari wanga mama Kengue cumaneco santo en pena coballende, Gando batalla cabo de hacha, mundo, mundo, las siete marías, nborufinda y Sambia Npungo (Dios).

Sala Malecun, El Oficio Congo Sambia Npungo
Me Los Cutare {Dios Te Bendiga}

Ya que lo podemos encontrar en lo físico, que todo es temporero, Como el dinero que pasa de manos a manos, pero ese mundo invisible nos provee sabiduría espiritual que solo en ensulu (el cielo) que donde se consigue este tipo de sabiduría, dones y virtudes.

Por lo tanto hermanos, aunque tenga todo el dinero del mundo, no se compran ni se rentan los dones. Esto viene con el tiempo cuando ese mundo, las entidades e mpungos que nos acompañan y sobre todo, Sambia Npungo (Dios) nos lo da el esfuerzo de superarnos física y espiritualmente.

Como Dios quiere que sea con fe, devoción y seguimiento, ya ser un gangulero, kisi malongo (brujo), no es tan fácil como mucho se lo creen o piensan de esa manera. Sin aprender bien los misterios de esta religión de Palo Monte, que es un mundo en miniatura de magia y poder sobrenatural. Es donde se pacta con el mas allá, uniéndonos en lo físico y lo espiritual, así es esta religión de Palo Monte.

Sala Malecun, El Oficio Congo Sambia Npungo
Me Los Cutare {Dios Te Bendiga}

Por eso en mis enseñanza de el tiempo vivido dentro de de este oficio Congo les explico, diciéndoles que para aprender bien este oficio Congo. Es preciso llevar bien las reglas y haber pasado por la ceremonia correspondiente y todavía así, el factor y tiempo es el que nos enseña.

Ya que es como la escuela de la vida, a diferencia que no se trata con vivos, si no con muertos y espíritus que no tienen salones de clase, ni urnas, universidad. Pero la sabiduría espiritual, supera lo que jamás lograremos en lo físico. Que también se tiene que corregir y transformando nuestras vidas, para llevar bien las reglas de la religión y el oficio Congo.

Por tal razón, en mis lecciones de lo que les vengo explicando de lo que en si es esta religión de palo monte, mi explicación es, que según ustedes van leyendo, estarán empezando a entender estos mensajes. Así es mi vida espiritual, que día a día, me comprometo a poder ayudar contribuir con mis experiencias que me han costado dedicación y aunque también disgusto, contrariedades y pruebas que las he tenido que superar enmendando los errores cometidos de los cuales, me han servido de mucho en la vida.

También, he aprendido de mis errores o elección mal tomados. Pues, soy un ser humano y no se me puede juzgar sin ver y comprender, que la vida nos tiende trampas y tentaciones, a las que no podemos negarnos por ciegos.

Sala Malecun, El Oficio Congo Sambia Npungo
Me Los Cutare {Dios Te Bendiga}

Pero, mis aburres, enpanguis (hermanos) quien no resbala y se cae o se encuentra con un lobo disfrazado de oveja en esta vida en esta o otra religión, pero lo importante es levantarse y decir como dice un mambo de palo que dice, si en mi tierra no sale el sol, yo brinca la mar, yo brinca la mar. Por lo tanto hermanos, yo personal, les digo, que no existen excusas en el mundo, para uno enmendar los camino.

Pues, querer es poder, por eso en mi vida sido buena y he aprendido de mis propios errores. Esta es mi vida lo que he sido capaz de superar me. He hecho esta enmienda, la he tomado como prioridad, instruyéndome, aprendiendo de los errores, es como uno se supera para conseguir lo que esta religión nos traerá en un futuro, que solo superándote es que llega uno ser un buen palero, gangulero y Tata de la religión del Palo Monte Mayombe de la cual les brindo lo mejor de mi vida espiritual. Dentro de lo vivido en las diversas religiones. Pues ya saben para adelante que nunca es tarde para aprender en la vida.

Sala Malecun, El Oficio Congo Sambia Npungo
Me Los Cutare {Dios Te Bendiga}

HABLANDO DE MIS EXPERIENCIAS

También, quiero que comprendan que nada en la vida es obligado y forzado en esta religión de palo monte. Pues iría en contra de nuestra voluntad. Por lo tanto si no lo deseas porque otros te meten miedo o te pinten pajaritos en el aire, no es lo correcto.Ya que querer convencerte, que en esta u otra religión es que encontraran las soluciones, virtudes y dones en nuestra religión de Palo Monte, ya que Palo monte existen inventores, falsos hasta con ellos mismo. Solo quiero que esto quede claro, yo Misael, no quiero que ustedes, mis hermanos, se sientan obligado por lo que les estoy hablando en este tema. Que es mi vida espiritual. Solo me presto a hablar de mi corazón. Ya que yo me considero enchila Congo de verdad mas por lo que yo he podido comprobar a través de los tiempos en la religión de Palo Monte. Somos o no somos sala malecón a toda la moana Congo, guaculan Congo, Mambe dios santo tomas ver para creer.

Sala Malecun, El Oficio Congo Sambia Npungo
Me Los Cutare {Dios Te Bendiga}

EL PODER ES QUERER

Por lo tanto en la religión de Palo Mayombe hermanos, uno tiene que ser uno mismo y la fe el deseo que uno tenga o creencias que ese es el camino que nosotros escogemos por voluntad propia y no por que otras personas nos quieran meter por los ojos cualquier creencia espiritual sin sentir algo.

Por eso mis consejos es que no se precipiten que la prisa, no conduce a nada bueno. Pues pasamos desprovistos y como estamos ciego, no miramos hacia los lados o que persona es la que nos quiere introducir a esta u otra religión. Por eso es que tantas personas se retiran de sus casas de santos y de palo. Pues, ya cuando muchas personas en las diversas religiones se vienen a dar cuenta en las manos que cayeron. Ya es tarde Entonces, tienen que comenzar el camino de nuevo y comenzar de nuevo a dar pasos en la religión de palo monte.

Quiero que tengan esto bien presente en mis lecciones de ahora en adelante, a mi pesar, yo se que veo en algunos ojos y que sus pensamiento se transmitirá algunos de esos errores y se dirán si yo hubiera sabido y lo hubiera conocido bien antes no lo hubiera hecho, Pues no me hubiera pasado. Es como se como dice una canción, si yo hubiera sabido que perico era soldó, no lo mata el tren.

Pero así son las cosas de la vida en lo que se refiere a las religiones. Ya que elecciones mal tomadas es parte de las experiencias. Pues en esta en otras religiones, existen farsantes y lo que yo Misael les llamo los sabelotodo, los muertos vivos personas que son capaces hasta de convencer a langunbe buen amigo (el demonio) y si lo dejan lo rallan y lo inician en la religión de palo monte, o le coronan santo.

Así están las cosas hermanos, ya que se le agrego un par de santos Orishas Empungo a la religión de palo y la santería uno de ellos se llama santo dinero y en ingles santo dólar. Pero mis enpanguis (hermanos) esto no es motivo para detener la fe y la esperanza de encontrar a alguien en la religión, que no sea facenda (falso).

Pues aquel que busca con fe, tarde o temprano encontrara soluciones y contestaciones a sus preguntas que hasta hora, a lo mejor no la ha encontrado.

Por eso les doy el guía de mi camino recogido dentro del oficio Congo para que se guíen al paso de la vida dentro de este legado religioso.

Sala Malecun, El Oficio Congo Sambia Npungo
Me Los Cutare {Dios Te Bendiga}

En estas lecciones, lo que también quiero, es que por ningún motivo se sientan mal por lo que les estoy explicando. En las formas como se hacen, o se debería hacer. Ya que a lo mejor nada o de la parte vivido en sus iniciaciones, cuando se juramentaron, no es su culpa zulla. Mucho lo hacen por falta de conocimiento o faculta para llevar a cabo estas ceremonias, rituales.

Ya que solo más personas autorizadas por los mayores de la religión de palo monte mayombe o sea los Tatas y padres de la religión tengan la faculta de ejercer estas obras. mas dejo bien claro a los Tatas y padres, que por ningún motivo, se sientan mal por mis palabras que esto es para aquellos o aquellas que confunden la mierda con la peste en haciendo porquerías y inventos.

Ya los Congo, no son tan necio como para que personas sin autoridad estén realizando la religión del Oficio Congo, ya que los Ganguleros, los Kisi Malongo, los verdaderos Cheche Bacheche, los Magos, los kisi malongos brujos, los auténticos y no la fantasía.

Por lo tanto en este oficio Congo no se juega.

También dejo claro que yo sé cómo es jugar palo y que se también que cada munansos, templo, tienes sus reglas y costumbres. Que A lo mejor, se puedan pensar que yo quiero que sea en la forma MÍA, o de mi munansos, pero Sambia Empungo, Dios sabe que no es así. Esto lo hago para que nadie que no esté capacitado sigan haciendo porquería que la gente de fe aprenda bien este oficio Congo.

Sala Malecun, El Oficio Congo Sambia Npungo
Me Los Cutare {Dios Te Bendiga}

LECCIONES

Al expresarme así no es para que lo tomen a mal, esto lo hago como parte de mis enseñanzas para no que caigan en manos que solo ven la oportunidad de despojarlo todo. Pero no de un despojo espiritual, si no, de sus simbo (su dinero).

Quiero también decir que pájaro que vuela no jura encima engaña. Que las yayas (madre) no están autorizadas a realizar ningún rallamiento, oye madre enfanga, eso no se hace. Espero que estas lecciones les sean de provechos que lo poco que yo les haya hablado, les abra los ojos para que puedan ver.

Que Sambia me los cutare bendiga y toda la cuadrilla Congo Templo Lucero Mundo; sala malecun, Mambe Dios, guaculan Congo santo tomas ver para creer templo lucero mundo.

Mayombe, padre zarabanda, viento malo. Taita, Empungo, Casinbi Masa
Kinbisa, Padre Chola Calunguera, engo Colunga, en Yaya
Monanfilos Saca Empeño Monanfilos brillunba Congo
Monanfilos Kinbisa Santo Cristo del Buen Viaje.
Brillunba engo mala fama viento malo.

Sala Malecun, El Oficio Congo Sambia Npungo
Me Los Cutare {Dios Te Bendiga}

CONOCIMIENTO SECRETOS Y RITUALES

Hermanos los conocimientos de la vida se adquieren a través Del tiempo y las metas que cada cual, en Este mundo desea convertirse para transformar su existencia y lograr lo Que Sea. Aun mas Por que, incluso. Es tan así, que es Como un deseo. Un deber propio en superarse, sea en lo físico Como en lo espiritual y para ver sus sueños anhelo convertirse en realidad. Por instinto propio, de todo ser viviente que posee, esa virtud.

Pues, esto es la ley de la sobre vivencia, que la especie humana, adelante para de esa forma, superándose, tenga un mejor porvenir. Incluso, lo más importante y Como se puede lograr es a través de adquirir conocimiento de lo que quiere en este mundo más o menos en una u otra forma a mayor grado o a menor.

Es aquí donde radica la fe que la que en si hace el milagro de la superación dentro de la religión a la cual entramos y basándome al tema del oficio Congo el mundo de los paleros del cual soy uno de ello. Comprendo que Todos los seres tenemos un deseo en nuestras vida.

Mi gente díganme ustedes a quien de ustedes no le gustaría tener un millón de dólares o tener un poder sobrenatural para hacerles pagar a quien se las hace. El deseo es amigo de la ambición son compañeros inseparables. Es tanto así que primero que todo, ambicionas algo por ejemplo "poder luego te da deseo de lograrlo

Ya ven por que las metas se consiguen por mediación de adquirir conocimiento. Así es la vida espiritual, sea atreves de la religión de palo de santería o de cualquier otra religión es aquí donde, en diferentes etapas donde para uno lograrlas tiene que tener deseo fe en que lo lograr y adquirir conocimiento la religión del Panteón Congo, el espiritismo, la santería requiere de conocimientos que solo se logran a través del tiempo y dándole seguimiento en otra forma les diría que a lo mejor no consiguen el milloncito en la religión. Sea cual sea, pero la sabiduría y los conocimientos son un tesoro que no se compra con todos los millones del mundo.

EL OFICIO CONGO
EL MUNDO DE LOS MPUNGOS
ESPÍRITUS SUPERIORES

Cuando yo me refiero al mundo de los mpungos son las deidades del panteón Congo así es la vida, el oficio Congo, palo monte y palo mayombe es una ciencia de misterios, magia de magos, hechiceros, malongos la magia de la brujería que no es de este mundo. Sus habitantes son invisibles, sus conocimientos son superiores a de los seres vivientes. No tiene envoltura para poder ejercer. Son un fluido que se puede transportar a cualquier lugar en milésimas de segundo. Por no poseer la envoltura material.

Ya que transmiten a través de fluidos por corrientes espirituales, a sus escogidos aquí en la tierra para de esa forma, dar sus cuitas dándoles evidencias, para que el instrumento que en este oficio Congo como se les llama perro enganga, que es el brujo kisi malongo, los gangulero los cuales puedan recibir del mas allá los mensajes.

Sala Malecun, El Oficio Congo Sambia Npungo
Me Los Cutare {Dios Te Bendiga}

Así es este mundo dentro de la religión de palo monte, Encunia lemba Sao, enfinda, cunan finda, del cual les narro mis experiencias. Ya que nosotros los fieles creyentes podemos hacer la labor material o sea en este caso nosotros somos sus emisarios, sus mensajeros al mensaje.

Por lo tanto Mi vida dentro de la religión de palo me ha sido prospera en lo que se trata de sabiduría. Esto me ha enseñado tanto, que yo mismo me pregunto cuantas almas como yo con virtudes, dones misioneros de la obra no han podido lograr desarrollar la FASE dormida que cada ser humano posee.

Si mis hermanos (enpanguis, aburre) cuanto seres, que por falta de conocimiento y una buena enseñanza no han podido descubrir la esa fase tan importante en nuestras vidas en lo que se refiere a la vida espiritual que se vive en las religiones sea cual sea incluyendo esta de palero gangulero kisi malongo brujo. En este legado religioso de palo monte.

Sala Malecun, El Oficio Congo Sambia Npungo
Me Los Cutare {Dios Te Bendiga}

Ya que Unos por Tomar otros caminos religiosos mas otros los maestros que han tenido como sus consejeros espirituales dentro de las diversas religiones de palo, santo o espiritismo no poseen el don de enseñarles o que les falta aprender bien el oficio Congo o la sabiduría que encierran sus misterios.

Por lo tanto hermanos esto es un don de Dios Sambia Empungo indiscutiblemente y sin duda. Ya que Jamás yo Misael, pondría eso en tela de juicio. Pero Dios le dio el poder las sabiduría aquellos que a través del tiempo, una buena enseñanza y preparándose correctamente para esta profesión de brujo Kisi Malongo.

Que vienen siendo los guías que Zambia Empungo (Dios) pone en nuestro camino para que nos instruyan en esa forma a ejercer el oficio Congo en la región de palo monte de la cual les brindo información que les puede servir de guía en lo que se refiere a este legado religioso.

Sala Malecun, El Oficio Congo Sambia Npungo
Me Los Cutare {Dios Te Bendiga}

Mas en lo relacionado a la religión de palo monte, Encunia lemba sao, enfinda, cunan finda, yo Misael, digo y lo diré a pesar de que alguien pueda pensar lo contrario, buena enseñanza hace magos y brujo para el oficio Congo. Aun mas mis enpanguis, con maña sí, con fuerza no.

Ya todo es posible y nunca es tarde para aprender el oficio Congo los Tatas y Kisi Malongos existen muchas formas de enseñar. A mis enpanguis, acuérdese como dice el mambo (canto) "con maña sí y con fuerza no y el otro mambo (canto)," "papa gobernar, aprende escribir primero, para gobernar, para gobernar, aprende escribí primero, para gobernar, para gobernar, aprende escribí primero, para gobernar."

Por tal razón, es que la enseñanza en esta religión es de vital importancia, si quieren ser buenos paleros, ganguleros, yayas, padre y tatas, la buena enseñanza y aprender bien el oficio es una de las prioridades que por mis experiencias me costado hacer como la baca en mi propia enseñanza buscando en otros lugares diferentes ramas de palo. Yo Misael les digo esto para que se dejen llevar que cuando "la baca no tiene quien le espante las mosca, usa su propio rabo." Así es que también dice otro mambo (canto):

> Si en tierra no brilla el sol, yo brinca la mar
> Yo brinca la mar, las aguas
> Si en mi tierra no brilla el sol yo brinca la mar

En este oficio Congo las aguas Estancadas no tienen salida y el mejor testigo de uno es el tiempo. El tiempo que se pierde no se recupera. Entonces, si uno va la escuela y no le enseñan para que seguir perdiendo tiempo. Eso no es justo y la enseñanza es muy importante en la religión de Palo Monte y Palo Mayombe. Bueno "Chévere embona que vamos allá que vamos allá que vamos allá que vamos allá." Cheche emboma que vamos allá que vamos allá, que vamos allá. Como dice el mambo (canto), que vamos allá,

Pues adelante como les dice, que todavía tenemos mucho de que hablar que Sambia Empungo (Dios) me lo cutare, Templo Lucero Mundo, Tata Sarabanda Mundo Nuevo.

EL DEBER DE APRENDIZAJE

Hermanos de la fe, todos tenemos un deber propio con nosotros mismo en lo que de aprender se trata. Etapas donde ya sea, por necesidad e obligación de llenar el Ángelo del alma. Tenemos que dar un paso adelante buscando soluciones. Incluso, yo les diría que son prioridades para saber bien a fondo lo que verdaderamente la vida nos tiene destinado. En estos casos donde entra la ansiedad de conocer misterios atreves de religiones.

Algo muy común dentro de la curiosita o tal vez por fe o por necesidad y es de eso mismo en lo que yo me baso dentro de lo que les quiero enseñar de la región de palo monte para que así tengan un mejor entendimiento del oficio Congo sus pactos y tratados, ceremonias y rituales.

Mas si nos preguntáramos, Son etapas que nos hacemos preguntas sin respuesta. Porque no sabríamos contestarnos y no son los caminos andados, sino, lo que tenemos que andar para así buscar a través de la enseñanza de la fe, las respuesta que nos puedan dar la información adecuada que nos sirva de guía.

Pero como un deber propio, nadie puede vivir su vida y andar sus pasos perdido. Pues no sería justo, ya cada ve lo llevamos más profundo donde la mente empieza a reacciónala con un conocimiento a los temas que vamos repasando de nuestra devoción religiosa.

Mi vida y de la de ustedes mis hermanos, enpanguis y aburres de santería y palo. Unos le dará nostalgia y otros se reirán junto conmigo cuando estoy escribiendo. Ya que la vida nos da tantas sorpresas dentro de la vida religiosa, que si nos ponemos analizar bien lo que es la vida y el por que de todo, solo Dios nuestro creador, Sambia npungo o Alofi Dios, es el único que es capaz de darnos las respuestas y las soluciones.

El porqué de todo lo que tenemos que recorred los caminos de la vida. Que son como un camino largo que no tiene fin, por más que se pueda caminar, son incógnitas. Es tan así que Son como el infinito, que ni tiene principio, ni fin.

Ya así es este oficio Congo del cual les quiero enseñar aunque sea algo de mis experiencias vividas en este oficio Congo en el marcapaso de la vida mía, que de mis huellas y mi andar dejan huellas de sabiduría en este oficio Congo

Mas obviamente reitero que así es mi mundo dentro del que yo Misael me quedo asombrado. Siempre escudriñando, haciéndome preguntas para contestarla en mi interior, no deteniendo mi mente ante nada. Pues Dios hizo al ser humano a sus semejantes. Lo proveyó, de todo.

Verdad hermanos que esto se pone interesante, verdad de Dios como dice uno de mis muertos pícaro gallo, que mucho los han visto laboral. Por tal razón, es mis enpanguis, aburres (hermanos), que yo les digo que tenemos un deber propio con nosotros mismo, que es parte de la obra espiritual el Palo y la Santería. De la cual me he apoyado toda la vida.

Pero quiero que sepan que en estas enseñanzas que lo que les estoy narrando es parte de la enseñanza de la religión de palo monte. Ya Escudriñar en nuestra alma buscando respuestas es forma, para lograr y ver más allá de los caminos andados y no estar siempre con la duda y el pero' excusas que en vez de desarrollar, lo que se siente en sus interiores y lo que el destino les puede proporcional.

No hacen nada por corregir las dudas que nos embargan en estos mundos espirituales, en las diversas religiones. Que no son tan fáciles como muchos se lo creen. Ya que las ciencias, ocultas, rituales y ceremonias. Del palo monte, Encunia lemba sao, Emfinda, cunan finda, es un mundo de misterios que solo está en aprender el oficio Congo.

Por lo tanto hermanos de la fe que en este legado religioso para aprender, No es decir en un abril de ojo, quiero esto y ya como si fuera por arte de magia y todo, lo que ustedes creen, o lo que vienen leyendo será tan fácil como lo pintan los facenda (mentiroso), los sabelotodo y los muertos vivos.

Por lo tanto Así es palo monte el oficio. Como yo Misael digo atreves del tiempo vivido dentro de las diversas religiones sea palo o santería, ya que por mi condición y mis experiencias propias, nadie es testigo de los caminos andados por uno mismo, ni siguiera por las elecciones que cada individuo lleva a cabo, sea para superarse.

Ya ustedes saben lo que quiero decir con esto. Mi mejor interés es que se aprenda adecuadamente en lo que me refiero a esta religión de palo monte. Yo se que Cada cual es dueño de sus actos y nadie obliga a uno a lo que no quiere o no le gusta y los colores son colores al gusto. Más no creo que todos están de acuerdo conmigo y nunca lo han estado. Pero para mí, palo con el negro y el negro parado por que perro no come perro así es mis enpanguis y aburres, hermanos

Sala Malecun, El Oficio Congo Sambia Npungo
Me Los Cutare {Dios Te Bendiga}

En este oficio el Congo, Congo baila en un solo pie si se aprende bien a jugar palo y el negro parao y eso les da más riñas a los que piensen lo contrario de mí.

Mas como el que sabe no muere como el que no sabe a mi plin y para la madama dulce de coco. Como ustedes mis enpanguis, aburres (hermanos), saben "perro no come perro y Embele viejo machete viejo guarda su amo." Tengan esto presente como se dice en un mambo (canto) de palo:

MAMBO CANCIONES

Pullas Del Oficio Congo

Yo no mete con nadie mi enpangani,
Yo no mete con nadie mi enpangani,
Yo no mete con nadie mi enpangani,
Con mi enganga no se juega mi enpangani
Y si se juega con cuidado mi enpangani,

Con mi enganga no se juega mi enpangani
Y si se juega con cuidado mi enpangani,
Con mi enganga no se juega mi enpangani
Y si se juega con cuidado mi enpangani.

Hermanos de la fe, mis enpanguis el oficio Congo es profundo como Colunga, {el mar}, por lo tanto No se si todavía no comprenden a donde los quiero llevar. Ya que poco a poco Los estoy conduciendo a lo más profundo de este legado religioso de la regla de palo monte, para que ustedes comprendan el deber propio que tenemos en superadnos para esta profesión el oficio Congo.

Ya que el mundo de los ganguleros, brujo y Kisi malongo, en donde los desafíos en las batalla cuando se dice, vamos a jugar palo. Tiene uno que estar bien preparado para este oficio. Ya que este el entrenamiento del oficio Congo, es aprender de todo.

Porque, si no fuera así, ya yo estuviera en la tierra de los calvo, o metido en un Kindemo (cardero). Ya que esta profesión y el oficio de brujo, no es un ñame. Congo no es tan necio como algunos se lo vienen creyendo. Yo soy hijo de Mala Fama, Viento Malo y no jure en vano. En el mundo del Panteón Congo, donde los desafíos son como en el viejo oeste pero aquí es a base de brujería. Kimbinbaso y bilongo

Hermanos lo cual querer bregar con los enfunbes (muertos) y los espíritus, se requiere de una buena enseñanza, que es lo que me propongo en mis enseñanzas a través de este manual. Más brindarles por mis experiencias dentro de este oficio Congo y mi mundo espiritual y mis experiencias en esta religión de Palo Monte y Palo Mayombe y como Oba en la Santería.

Ya que medio siglo, no son de un día, es medio siglo son de antilangas (tiempos) pasado en mi vida dentro de las diversas religiones son medio siglo de experiencias desde mi niñez. Son el rastro de lo vivido marcando paso y no de mentiritas.

De los cuales son como un legado vivido. Ya yo He sido presidente de mesa blanca, espiritista, Omorisha, Santero con el rango de Oréate (Oba) en la religión con miles de personas ralladas (iniciadas) padres y madres, boca fulas, guardiero, enganga y mayordomos. Mis relatos son verídicos y con pruebas aunque pueda alguna persona pensar lo contrario por envidia. Que es la mata, mas cuando Dios sabina npungo le da a uno la gracia del cielo como misionero y la faculta de la sabiduría de hacer bien las cosas es un don divino de lo celestial.

Sala Malecun, El Oficio Congo Sambia Npungo
Me Los Cutare {Dios Te Bendiga}

Porque no han sido capaces de mantener su pueblo y les falta aprender lo que a mí se me ha olvidado. Por eso a mi buena gente, en este libro encontraran un tesoro de mis experiencia, que el final de todo es algo que les puede hacer falta en el desarrollo de este oficio Congo y para los que sapan siempre se aprende algo nuevo. Aunque sea del más pequeño y acumular en sus repletarías, sabiduría para ejercer este oficio y un poquito más.

Nunca está de más y revivir los antilangas (tiempo pasado) de los grande de la religión del Palo Monte donde siempre se aprende algo nuevo de esta religión de palo monte de la cual tengo un repertorio de sabiduría las cuales quiero compartir con las futuros ganguleros. Los fieles creyentes que quieren aprender de este oficio de la brujería de palo monte/ Encunia lemba Sao, enfinda, cunan finda y el repicar de los tambores africanos dentro de este legado religioso

Sala Malecun, El Oficio Congo Sambia Npungo
Me Los Cutare {Dios Te Bendiga}

EL OFICIO CONGO SU FUNCIÓN

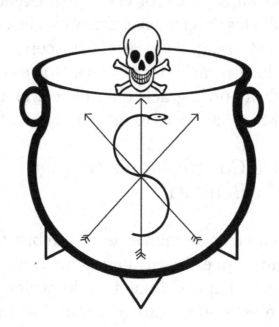

La vida de los malongos ganguleros. Es vivir recordando nuestro Tatas y padrinos. Los cuales nos dejaron este legado de los tiempos pasados cuando de verdad y justicia se practicaba la religión del Panteón con Congo con amor y respeto a la religión de palo esto era como un deber y con licencia llevando las reglas de padrinos en palo.

Mas viendo la necesidad en la cual se encuentra la religión de palo monte, por falta de instrucción. Es que pongo a su disposición mis experiencias en este oficio Congo, lo cual que quiero y respeto con todas las fuerzas de mi alma y que mis muertos mi sigan eliminando.

Para de esta forma poder iluminar a otros en la religión del Palo Monte Mayombe, donde he dedicado parte de mi vida ejerciendo este oficio Congo, en todas sus prácticas rituales y ceremonias de las cuales les quiero enseñar en este manual de enseñanza.

Sala Malecun, El Oficio Congo Sambia Npungo
Me Los Cutare {Dios Te Bendiga}

ORACIÓN DE PALO REZO

Licencia Encunia Lemba Sao, Enfinda Cunan Finda. Mundo Cariri Coma Cuende Yaya., Cuadrilla Congo, Sambia, Sucucururu Manan Sulo, Sucucuru Manan Toto.

Licencia Mundo Carabela. Yo Bakeke Para mi Kindemo Zarabanda, Candongo Chola.

Licencia todo los gandos.

Enfumbe que Endoki Enfuiri Fua.

Licencia Campo Santo Quinto Piso

Licencia Enfinda, Cunan Finda Campo Lirio.

Licencia ma. Colunga Baluande madre de agua.

Licencia Bromazo dinamututo, toro de la Loma

Tira Rayo Rompe Monte, 7 Rayo Ensasi

Matari Ensasi,

Licencia Tiembla Tierra, Hasta que mundo Tesie Mundo

Licencia, bioco mensu vititi Empungo

Licencia mi Cumaneco Santo en pena, Tata Enfunbe, Pati llega Coballende en Palo

Licencia Engo que Gobierna Entoto, Licencia Cuadrilla Congo, Licencia toda. La Moana Congo, Licencia to lo Tata, que cuenda en fuiri qui ya fua endoki.

Pido su licencia y permiso arriba de entoto hasta qui yo valla enfuiri endoki. Sambi arriba Sambi abajo Sambi a Cuatro Costado. Sambia

Ensulu Sambia en todo primero, Sambi Simbiricu y después de Sambi Simbiricu. Sala Malecun, que Sambia me los cutare.

LA FASE DORMIDA EN NUESTRAS VIDAS

Existe nuestro interior la Enwela nuestra aura karma. FASE que pesar de todo, lo andado les puedo asegurar con lujos y detalles que dentro de nuestro, tienen una FASE que vive dormida. Un descubrimiento que muchas personas no han logrado, descubrirlo o entenderlo, sea por falta de conocimiento espiritual.

Es tanto así, que pasa por nuestra conciencia y nos martilla como si nos quisiera decir ven conmigo, te invito a descubrirte a ti mismo y te transportar a pasados vividos. De los cuales retornamos a otras vidas. Ya que muchas veces también nos preguntamos será posible, o es solo en mi imaginación. Diciéndose que pasa conmigo. Esto pensamiento e ideas es la vida espiritual y el desarrollo de ella, de las cuales formamos parte de ese mundo invisible que nos rodea.

Obviamente reitero en mis experiencias que es la que nos abre las puertas para de esa forma poder explorar en otro modo de la existencia humana que es el mundo de los espíritus de esa fase que yo les hablo. Para que tengan un conocimiento del porque, el aprender de las religiones, abre las puertas a ese mundo espiritual que vive dentro de nosotros.

Es donde la explicación son pruebas que me han venido sucediendo y que a través de mis experiencia con otras personas que han desarrollado lo espiritual y han desarrollado en la religión de palo y monte y santo que a través de ceremonia rituales dentro de las diversas religiones.

Más en su transcurso, obvio que han conseguido desarrollar este oficio de Mayombero, brillunbero kinbinseros espiritista y brujo. Es impresionante como los personas que poseen este don que viene siendo el que interpreta a los mensajes del más allá. El mundo de los espíritus los mpungos.

Es por esa razón, yo Misael les puedo decir de este oficio Congo, que va mas allá de lo que espero que ustedes puedan aprender, de mis experiencias vividas en la religión de palo monte mayombe. Ya que en este manual de enseñanza ustedes recogerán el fruto de mi devoción de aprender y de mi fe en lo que he venido ejerciendo por medio siglo, lo cual no es un día.

Sala Malecun, El Oficio Congo Sambia Npungo
Me Los Cutare {Dios Te Bendiga}

De mis experiencia doy testimonio las cuales lo hago diariamente, como mi oficio mi profesión, ya mi dedicaciones es continua. Por eso en mi vida espiritual dentro de la religión del panteón Congo yo lo llamo el oficio Congo.

Mas Hablando del tema que es "FASE Dormidas," por mis experiencia propias, yo mismo no sabía lo que lo que yo podía hacer de mis virtudes, mi talento y lo que vivía a dentro de mí, mas no les puedo negar, que algo dentro de mí, me martillaba me hacia hacer con posiciones y me dada por escribir.

Pero empezaba y siempre se quedo en nada y con el tiempo y la dedicación completa es que me he dado cuenta que no era por pura casualidad que esos espíritus se apoderaban de mis pensamiento y empezaron a darme ideas.

Más fue entonces que he podido comprobar que yo podía escribir libros y aunque esta obra les puedo garantizar que no es mía, pues yo soy el instrumento que tienen mis espíritus, Empungo para esa que

"FASE Dormida" en mi pudiera despertar para así poderles traer este libro de esta enciclopedia. Que la dividiré en cuatro volumen sea cuatro libros de la religión de palo monte, Encunia lemba sao, enfinda, cunan finda.

Sala Malecun, El Oficio Congo Sambia Npungo
Me Los Cutare {Dios Te Bendiga}

Mis enpanguis hermanos esto que les estoy narrando es también parte de la enseñanza. Ya que despertad a la realidad nos abre el sentido para un buen desarrollo, el cual seta basado en que es mis lecciones. Por lo tanto hermanos de la fe, esto tiene mucho que ver en nuestras vidas religiosas, especialmente cuando ustedes logren despertar la "fase dormida" y darse cuenta que todo lo que los humanos pensamos, ideas, pensamientos son por obra del cosmos espiritual

En dejándonos saber que su presencia esta cerca de nosotros, aunque no la veamos. Mas es de eso se trata mis relatos para que puedan comprender, que no existe nada imposible en lo que se puede hacer posible en la faz de la tierra.

Ya que lo que el ser humano en si es la semejanza Sambia npungo, Dios y que mas allá de lo que nosotros no podemos ver es que están los emisarios, mensajeros, los Empungo espíritus superiores, deidades entidades, abátales, de este legado religioso, de la religión de palo monte, Encunia lemba Sao, Nfinda, cunan finda. La regla de palo monte.

Sala Malecun, El Oficio Congo Sambia Npungo Me Los Cutare {Dios Te Bendiga}

LOS MPUNGOS ESPÍRITUS SUPERIORES

Hablemos de sus nombres comencemos por Empungo sarabanda, Empungo siete rayo, Empungo lucero mundo, Empungo tiembla tierra, Empungo coballende, Empungo enkita, chola wengue, Empungo baluande, madre de agua, Empungo enkita centella Wirindinga viento malo, monte oscuro, Empungo enkita mama Kengue, Empungo Gando batalla, Empungo cabo ronda, Empungo mundo, mundo, Empungo masa que son los espíritus de las aguas, mpungos maseque infindo, espíritus del monte mpungos ganzúa espíritus de los rió de.

De Dios, Sambian Empungo creador y los que son los mensajeros que a través de nuestra mente y por fluidos espirituales se comunican con nosotros esto también es parte de un desarrollo en los cuales los perros enganga y los médium brujos yinbis, paleros y gangulero reciben los mensajes. Para poder llegar a ser un buen brujo y espiritista es de suma importancia que cuando reviva estos mensajes pueda saberlos interpretar y que los pueda hablar a su discípulos algún día en mi nombre con este legado religioso de la religión de palo monte mayombe.

Sala Malecun, El Oficio Congo Sambia Npungo
Me Los Cutare {Dios Te Bendiga}

Mas por experiencia propia, esto de la "FASE Dormida' mas yo estoy ciento por ciento seguro que en diferentes etapas de la vida han tenido ustedes evidencia de esta forma donde le presentan los acontecimientos antes de que ocurran y otros visualizando y aquellos que tienen el don de ver virtudes que con el tiempo se puedan lograr.

Así es el oficio de brujo curandero, gangulero e espiritista para comprender bien tenemos que aprender a interpretar los mensajes de los muertos que es con los que esta profesión de gangulero y otras prácticas religiosa que tengan que ver con el mundo de los espíritus los muerto los yinbis ñanpe los enfunbe muertos.

Más Como Ya, ustedes comprenderán la forma Como los guió. Paso por paso narrando mis experiencias y lo que este oficio de Palero Se trata. Ya que en Este oficio Congo nunca se aprende todo pero lo mejor que Sambia Empungo (Dios) hizo fue un día tras otro para lo que puedan lograr hoy mañana con esfuerzo, Fe y dedicación lo puedan lograr que "querer es poder.". ASÍ es que no, se detengan por nada, si es que verdaderamente tienen interés en el oficio Congo, Kisi Malongo que Sambia me los cutare Templo Lucero Mundo.

LA SUPERACIÓN

Hermanos de la fe, cuando existe una razón y deseo de algo en nuestras vidas, nos motivamos, dándonos deseo, sea en lo físico, como en lo espiritual. Obviamente también en el oficio de palero, ya que Lo primero es deseo, voluntad y interés, para labrar lo que queremos, en las metas. Una de las cosas más importante es la fe y su acompañante que es la voluntad propia, que es como nos superamos.

Bien, hermanos ya me oyen, a que punto yo Misael quiero llegar, lo cual, tenemos que superarnos física y espiritualmente, para así conseguir y comprender las cosas importante de nuestra religión de palo monte. Porque la primera lección de mi parte es, no empezar sin prepararse. Quiero que tengan esta frase, bien en mente.

Ya nunca en la vida, uno se cae hasta que no se deja de tratar de levantarse y como querer es poder, es de suma importancia en nuestras vidas. Ya el deseo de seguir adelante sea en creencias religiosas como las metas para la sobreviví enza humana no tiene límites. Entonces si se dan por vencido sin darse una oportunidad de lo que se proponen. No vale la pena empezar en esta religión del Panteón Congo, el Oficio del Congo, los Kisi Malongo brujos. Ya que esta profesión tiene mucho camino que recorrer para poder entender a fondo la esencia de ella y sus misterios no es empezar uno a nadar y cuando esta cerca de la orilla se detiene.

Sala Malecun, El Oficio Congo Sambia Npungo
Me Los Cutare {Dios Te Bendiga}

Mis enpanguis hermanos eso no es así, yo mismo he tenido tantas pruebas que me he visto en dudas y entre la espada y la pared, pero he sabido darme cuenta a tiempo y he recapacitado y esta tentaciones gracias a Dios Sambia npungo y mi cuadro espiritual he vencido los obstáculos que se me han presentado.

Ya ustedes ven la importancia que tiene en no dejarse caer sin darse la oportunidad. Incluso, no se olviden que la superación es la clave del éxito en todo sea en lo físico como en lo espiritual. Por eso les pido que tengan fe esperanza de que todo lo que se propongan en esta religión de Palo Monte y Palo Mayombe igualmente en la Santería o el espiritismo.

Ya que la superación es la que nos conduce a ser bueno Kisi Malongo (brujo) y para uno estar listo y preparado para el oficio Congo tienen que superarse, instruirse y nutrirse de sabiduría. Pues los sabios son magos igualmente el Kisi Malongo (el brujo). Por lo tanto esta clave son formulas que yo he venido haciendo desde mi comienzo en mi vida espiritual y de paleros santero por eso mismo es que les brindo esta guía que los conducirá hacer buenos paleros, tatas y yayas (madres). Buena suerte y ya saben, la superación es la clave. Que Sambia Empungo me los cutare. Consejo de Sabio – Ganancias para sus futuros en esta religión de Palo Monte.

Sala Malecun, El Oficio Congo Sambia Npungo
Me Los Cutare {Dios Te Bendiga}

OBRAS LIMPIEZAS RITUALES

V olviendo a la práctica que es donde los futuros y los que ya practicamos esta religión del Congo, nos apoyamos del bastón que nos sostienes en fe, una mitología de la religión del Panteón Congo, que remonta a tiempos pasados, de antilangas.

Ya que sus orígenes de pueblos y tribus que practicaban como la base de sus creencias, sus ceremonias, cultos, ritos y costumbres son y serán por los siglos. Ya que las verdaderas creencias religiosas unifican almas, por lo tanto ya establecida sus raíces, fundamentos y reglas es la obligación de todo aquel que amparado por la fe.

Más practica esta religión por fe, amor o por curiosidad mantener el legado que nos une a la religión del Palo Monte y Palo Mayombe que a través de siglos de existencia, su origen esta esparcida por la faz de la tierra y que a pesar del tiempo transcurrido sus rituales deben conservar la esencia, el tesoro de sus raíces.

De las cuales me es para mí un placer brindarles esta información, de este legado religioso, de la regla de palo monte mayombe, Encunia lemba sao, enfinda cunan finda.

Además de los siete reinos congos, loango, bacongos, mani congos, donde nace el cimiento, el principio de todo Mambe, Dios y engo gobernante y los Empungo espíritu s superiores. Historia viviente que todavía, el repicar de los tambores sigue tocando corazones en este legado religioso.

Sala Malecun, El Oficio Congo Sambia Npungo
Me Los Cutare {Dios Te Bendiga}

Ya, quede sus semillas hoy en día disfrutamos y que como buenos religiosos y devotos de esta religión, es un deber defender y respetar conservando los reglamentos rituales de la misma forma de nuestros ancestro. Sin alterar el contenido de la religión ya que esto es un pasado que nosotros sus gajos trasformamos a un presente.

Por lo tanto y que nuestra obligación es velar como buenos soldados el terreno la base, también la forma como se ejecutan las rituales para que la enseñanza de esta religión del panteón Congo siga vigente tal como nos las dejaron nuestros ancestros.

Mas es de esperar que siempre renazca alguien que traicione sus juramentos pero eso es común hoy en día en todas las religiones sea palo o santo. Pero yo Misael les pregunto como en todo lo que estoy escribiendo de mi vida espiritual de palero santero Sancista, espiritista para que muchos de ustedes comprendan el por que les explico mi trayectoria dentro de las diversas religiones y mis experiencias vividas. De las cuales les pueden servir de guías en sus vida dentro de esta religión de palo monte.

Sala Malecun, El Oficio Congo Sambia Npungo
Me Los Cutare {Dios Te Bendiga}

Acaso seria que los fieles creyente de Palo Monte y Palo Mayombe no les gustaría aprender algo más para su repertorio y nos debe importar. Otros que no saben de dónde vienen y para donde van traicionándose a ellos mismo y lo que profesan sea un motivo para desviarnos a nosotros los verdaderos creyentes.

No mis enpanguis (hermano) el perro que es cuevero, aunque le quemen el hocico lo sigue oliendo, no le pongan importancia, sigan con su frente en alta. Sean centinela que a pesar de los obstáculos no den un paso atrás en lo que juraron y los que están por iniciarse por eso yo Misael canto este que dice:

Mambo Cantos

Muere uno nace dos
Arriba enganga
Muere uno nace dos
Arriba enfanga
Muere uno nacen dos
Arriba enganga
Y hoy aquí mañana por allá
Mañana por allá mañana por allá
Y hoy aquí mañana por allá
Mañana por allá mañana por allá
Hoy aquí mañana por allá.
Mañana por allá mañana por allá

Sala Malecun, El Oficio Congo Sambia Npungo
Me Los Cutare {Dios Te Bendiga}

Hermanos de la fe enpanguis esta profesión religiosa es un oficio Congo, que si se sabe llevar bien las reglas, nos porta estabilidad en nuestras vidas, ya que confianza en nosotros mismo. En convirtiendo nuestra vida útiles haciendo el mandato que Sambia Empungo (Dios) quiere para sus hijos.

Ya sus representantes mpungos, eso emisarios las entidades del Panteón Congo y los nfumbes (muertos) son los que nos guían para poder hacer sus obras por nosotros.

Ya que sin ellos que son nuestra fe no tendríamos lo grande, que es la religión de Palo Monte y Palo Mayombe sus obras. Ya que funciones tienen diferentes rituales, ceremonias, pactos y tratados, de los cuales les estaré narrando en este manual de enseñanza para cada paso que nosotros queremos sea paso guaso, firme en este legado religioso.

Sala Malecun, El Oficio Congo Sambia Npungo
Me Los Cutare {Dios Te Bendiga}

Enpanguis (hermanos) de la fe, son innumerables las formas de tantos misterios que encierra este oficio Congo. Ya que como cantan sus mambos (canciones) sus plegarias oraciones formulas que son de suma importancia aprenderlas, para hacer este oficio Congo de gangulero, Kisi Malongo (brujo).

Mas obviamente reitero que es admirable cuando se aprende bien por eso en este libro estoy tratando de ser lo más explicito posible sin zumbarlos a volar sin ser pilotos. Aunque todavía siempre alguien en la religión brinca taranqueta (la verja) y quiere volar sin tener alas, pero así son las cosas de la vida que la carroza quiere ir delante de los caballos pero no le den importancia que a la larga se dan cuenta los pobrecito que la prisa no conduce a nada bueno pues lo peor es recorrer lo que ya caminaste.

Hermanos mis discípulos ustedes me están oyendo bien al darles los consejos, los cual espero se lo graven bien, pues esto es parte de mi enseñanza para ustedes. Para que de esta forma no cometan el error que otros han venido cometiendo algunas personas en esta religión de palo monte.

Porque llevar bien las reglas del juego de Palo Monte es un don y regocijo que a la larga, de da sus frutos, que es la sabiduría, que es instruirse bien física, espiritual, para ser un buen palero, es Ser intelectual.

Ya que, aquí tienen las tres formulas como con el tiempo ser pacientes, ya que roma no se hizo en un día. Ya para gobernar hoy que aprender a escribir primero como dice un mambo (canción) de palo mayombe llevar las reglas de antilangas (tiempo pasado).

Es que sus obras es como conservamos lo lindo de esta religión no alterando su formula rituales y ceremonias que nos elimina dándonos luz y entendimiento para en un mañana lo podamos transportar a otros, que como nosotros nos hemos dado la oportunidad de aprender a fondo y bien aprendido las reglas de este legado religioso.

Sala Malecun, El Oficio Congo Sambia Npungo
Me Los Cutare {Dios Te Bendiga}

LA FE

Es aquí donde radica la devoción para uno aprender la hermosura de la fe en lo que profesamos. Siendo útiles como misioneros de la religión del Palo monte. Mas buen aventurados serán aquellos que por fe superaron la ignorancia y se han sabido situar al frente de la cuadrilla conga nutriéndose la sabiduría para de esa forma superar e convertirse en maestros misioneros del oficio Congo comprendiendo, que la superación es la clave del éxito, tanto en lo físico como en lo espiritual, ustedes merecen un abrazo de mi parte y Sala Malecun que Sambia Empungo me lo cutare.

Como ustedes comprenderán no es lo que hemos andando sino lo que tenemos que andar y si uno se prepara aprendiendo bien las cosas no tiene que viral atrás para repetir lo que ya anduvieron. Ya el tiempo perdido es como los gastos innecesarios, pérdida de tiempo.

Mas Reconozco por mis propias experiencias en las diversas religiones que no es nada fácil que nos cuesta sacrifico, tiempo. Mas sin embargo se darán de cuenta que el tiempo que se dedica en aprender jamás es tiempo perdido.

Ya en muchas ocasiones las cosas las logramos con sacrificios pero la recompensa que recibimos a cambio de la dedicación y superándonos, ya que lo que se aprende no tiene precio sea en lo físico como en lo espiritual y son ganancias del camino y la victoria de los logros en esta religión del oficio Congo.

Sala Malecun, El Oficio Congo Sambia Npungo
Me Los Cutare {Dios Te Bendiga}

Entonces mis enpanguis, mis aburres (hermanos), vale la pena la sabiduría, que es la que mata la ignorancia y instruirse bien les da grandes ventajas para este oficio de Mayomberos, ganguleros, kisi malongos (brujos) y es de sabio aprender para que no le vengan con cuentos y mentiras así es mi vida espiritual.

Ya que yo soy como Santo Tomas, "ver para creer," y para uno estar en esas posiciones de llegar a convertirse en un buen gangulero, tata o padre y yaya (madre) mi mejor consejo como religioso que soy, es que sepan de donde vienen para poder saber para donde se dirigen en sus vidas creencias, cultos, ritos y saber más su origen trascendental y sus costumbres y reglamentos.

Por lo tanto hermanos de la fe, como quisiera de mi corazón, que lo que yo Misael hago por ustedes hoy mañana lo puedan hacer por otros y así conservar la unión del abrazo y que el repicar de los tambores siga sonando en nuestros corazones, dándonos un abrazo de hermano como un pueblo unido por la fe. Consejo de Sabio – Sala Malecun Sambia Npungo, me los cutare (Dios te bendiga).

Sala Malecun, El Oficio Congo Sambia Npungo
Me Los Cutare {Dios Te Bendiga}

LOS RECOGIMIENTO

En las reglas de Palo Monte y Palo Mayombe todo tiene métodos como hacer sus obras en los cabildos (munansos Congo o templo) que son las casas donde se practica los plantes de palo en sus munansos Congo. Ya que estas son costumbres establecidas que no se deben alterarse, para

Que de esa forma las obras trabajen bien, en el oficio Congo, de los kisi malongos (brujos), ganguleros, malongos brujo siempre tienen sus formulas.

Que a través del tiempo siguen rastro como el guao perro con buen olfato y siguiendo los reglamentos de la religión de Palo Monte y Palo Mayombe todo tiene un método sea cual sea lo que se desea hacer dentro de sus obras de la profesión.

Porque el oficio de kisi malongo (brujo) es de suma importancia para lograr sus obras y no alterar todo. Porque pueden cambiarse los trabajos y las consecuencias, tanto para el que las realiza como para la persona que se le está haciendo la obra (trabajo).

Ya que todo tiene sus métodos en este oficio Congo. Sala malecón Buen lumbo, Sambian Empungo, Parguito me los cutare Dios me los bendiga.

Sala Malecun, El Oficio Congo Sambia Npungo
Me Los Cutare {Dios Te Bendiga}

LOS NKITA EMPUNGO (ESPÍRITUS SUPERIORES)

Por lo general en esta reeligió de del panteón Congo se sabe que hoy un Sambia Empungo, Sambia Munan sulu Munan Toto (Dios de cielo y Dios de la tierra), el omnipotente creador del cielo y la tierra.

Ya la mitología y las escrituras lo ven de esa forma de donde el pasado no cuenta. Simplemente porque el presente así lo dice. Esto fue así y así se queda es una teoría solamente dentro de la fe y la duda.

Más yo jamás en mi vida espiritual he dudado de Dios. Al contrario, lo amo sobre todas las cosa habidas y por haber y siempre digo primero, primero Sambi Simbiricu (Dios) Mallugaba Olodumare (Dios) primero Dios que todos las cosas toda vida.

Ya que en mi interior es como algo que me intriga y no puedo comprender como bajo la faz de la tierra donde venimos en vía de expiación ocupando esta parte del mundo que son de mortales exclusivamente la duda y la fe se batan en un desacuerdo entre lo físico y lo espiritual.

NANI ENTOTO
(LA TIERRA BENDITA)

Hermanos de la fe sostén reciban de mi parte, porque no podemos caminar por el aire sin fe, ya como es posible que a diferencia del reino de Dios en el cielo con un ejército de Ángeles arcan jerez y serafines entidades espirituales mpungos, el omnipotente nos de algo para regir nuestros destino sean dioses entidades mpungos o potencias espirituales.

Es tanto así que desde el comienzo del ciclo humano Dios Sambia Empungo lo hizo en la tierra la lo trajo del cielo humano, el cual lo hizo de polvo y el polvo es de la tierra. Que viene siendo nuestra madre nani entoto, {la tierra bendita} que nos ve nacer y nos da la alfombra para dar nuestro primer paso, hasta el final que nos recoge de nuevo.

Sala Malecun, El Oficio Congo Sambia Npungo
Me Los Cutare {Dios Te Bendiga}

Por lo tanto es admirable la tierra bendita, {nani entoto}. Por lo que ustedes pueden ver, ya que es nuestra madre, que nos provee todo lo necesario para la sobreviví encía humano entoto la tierra el monte cunan finda, es la case de los congos en palo monte, palo mayombe.

Que Sambi creó la entoto (tierra) y ensondi; ganzúa (rió) el rió también macalunga (el mar) con sus profundidades y misterios hizo entango (sol) para darle caliente a entoto (la tierra) y a engunda (luna) para que alumbrara y cuna lemba (los rayos del mecía), el día y los separo de kiyanca, (la noche) y hijo carili (el viento) ya encanda nsolo (el remolino).

Mas hizo los pititi, pichichi, Encunia árboles y plantas, yerbas, árboles, el monte la naturaleza entera. Mas ya viendo su obra realizada hace/ mune/ el hombre y le dio el regalo más hermoso que mune (el hombre) allá visto. La endunba (mujer) mariquilla yaya (madre) pero sobre todo, mujer con un buen encuete (una buena cintura) para el matroco (el marido), que es la perdición del mune (hombre) y de esa forma nace entoto la humanidad que crece y crece en (la tierra)

Sala Malecun, El Oficio Congo Sambia Npungo
Me Los Cutare {Dios Te Bendiga}

Así Sambia Npungo (Dios) lo quiso, mas si la tierra bendita nani entoto naciera llena, con todos los misterios, la maravilla de Sambia Empungo (Dios). La alfombra de los congos pero de todo lo que Sambi Panguito procreo tenía algo preparado para que Mkita Empungo (espíritus superiores) ocupara su lugar y de esa forma así, pudieran regir los destinos de los pobladores.

Ya que cada lugar tuviera una potencia, un Empungo que gobernara esa región como en la religión Yoruba la Santería que cada deidad tuviera el poder absoluto de esa región. Por ejemplo, las 7 potencias Africana que los africanos crean en ellos y los invocan en los diferentes lugares o sea a Sarabanda o Orgun en el monte a Chola Wengue en el ensondi, ganzúa (el río).

A siete-Rayo en la palma, a Madre de Agua, en el Calunga (mar), a Lucerito como portero, a Centella Wirindinga, en campo lemba, el cementero a Tiembla Tierra como jefe de las lucema (cabezas). Hermanos de la fe así es este legado religioso de palo monte mayombe, Encunia lemba sao, enfinda, cunan finda y el repicar de sus tambores en donde el Congo baila en un solo pie.

Sala Malecun, El Oficio Congo Sambia Npungo
Me Los Cutare {Dios Te Bendiga}

Además en con reverencias, sus rituales y las obras que les hacían a estos dioses deidades potencias Empungo. Para así poder que ejercen sobre la faz de la tierra. Son dioses Empungo y así lo quiso quien manda más, Sambia Empungo (Dios) y quien puede cambiar lo que Dios hizo.

Por eso el en sulu (cielo), es un mundo y la entoto (la tierra) es otro y lo que se hace aquí nos corresponde a nosotros los seres humanos que poblamos la faz de la tierra encontrar las soluciones y enmendar nuestras vidas superándonos aprendiendo que todo lo que Sambia Empungo Dios hizo los proveyó de instinto para poder sobrevivir y de la misma manera tuvieran esos dioses deidades para ayudarnos en sus momentos de la vida.

En done los seres humano encontráramos camino o soluciones, ya que el embargo de la duda solo nos desvía en quien encomendarnos en estas potencias.

Por lo tanto hermanos, Los Empungo que nuestro ancestro en la religión de palo monte hicieron sus costumbres en su fe. Son las huellas andadas, que ellos depositaban en los caminos, para que nos guiaran en nuestro camino de fe en esta religión de palo monte. La historia viviente que no muere, donde el repicar de los tambores sigue el Congo, bailando en un solo pie sus caminos de las huellas dejadas.

Es tan ASÍ, que en la otra etapa de los humano, que es lo espiritual que se adelanta a trabes de lo físico material. Están así es, que uno sin el otro es nada. Es por eso que Esta función que tienen esas deidades entidades, mpungos, espirituales, potencias, dioses es nuestro gobernante.

Pues si Sambia Empungo (Dios), los puso en nuestro camino, el sabe el por que lo hizo y jamás se puede dudar del poder Sambia Munan sulo Munan Toto (Dios del cielo y la tierra) y sus emisarios que son esas potencias que rigen nuestros destino.

Por lo tanto es admirable la obra de nuestro creador que los provee con todo para regir nuestro destino. Pero no nada más de pan vivirá el hombre y los santorales, sean de las religiones que sean Católicos, Yoruba, congos.

Ya que solo están para ayudarnos, porque son los mensajeros, los emisarios de Sambia Empungo (Dios): Por tal motivo, está en nuestras manos buscar el socorro a través de esas deidades y dioses de la religión del Panteón Congo. Ya que cualquiera creencia, sea la que sea, tienen sus formas, obras y ceremonia y sean santos, deidades entidades espirituales llevan el mismo mensaje a Sambia Empungo Dios.

NPUNGO LUCERO MUNDO

Mpungos dioses y deidades

A la continuación dioses, potencia, deidades lucero y nkuyo en Yoruba, eche Elleggua, lo cual por común en las religiones africanas se pone primero esta entidad npungo lucerito desbarata y compone ncuyo bueno y encuyo malo. Endoki con endoki lo mismo bueno que malito.

Ya que él representa los caminos, dueño y señor absoluto por su acción es de diferentes formas bueno y malo, travieso cuando quiere desbarata y compone en un instante. Pero tenerlo de mala es cosa peligrosa, como es dueño, de los cuatro caminos (Iya encila) te los tranca todos.

Por lo tanto, lucero mundo es verdaderamente un genio, ya que se las sabe todas y no se le olvida nada. Es comparable con langunbe este endoki encuyo (el diablito mismo) por otra parte cuando dice ayudar, no existen los imposibles Lucero Mundo, Lucero Prima, Lucero Madruga y sus veintiún camino viento malo, mala fama y que mas si es hasta el portero del cementerio y dueño de los cruce de calle Lucerito Endoki bueno, Endoki Malo.

Se respecta siempre no importando el fundamento sea Sarabanda o Ensasi 7-Rayos para que las cosas caminen siempre. Se le da comer primero para tenerlo contento y yo Misael les recomiendo que si lo tienen de buena nada les faltara en la religión de Palo monte de la cual les estoy enseñando a través de este manual de enseñanza.

Sala Malecun, El Oficio Congo Sambia Npungo Me Los Cutare {Dios Te Bendiga}

El Empungo lucero es la puerta de los templos como eleggua en la religión de la santería en palo monte la religión Congo. Una deidad Empungo enkita que representa los caminos en los templos congos donde se practica la religión de palo monte. El es un guardiero en toda la palabra.

Ya que es dueño de los cuatro camino y en toda obra de palo o plantes es de suma importancia contar con el para todo lo que se va hacer en esta religión de palo monte. Su poder va más allá de lo imposible. Ya que lo mismo desbarata que compone por lo tanto, el vive en todos los munansos templos Congo junto a sarabanda o siete rayo, de acuerdo a esta religión del panteón Congo.

Mas lo importante es tenerlo siempre contento de acuerdo a la regla de palo monte. Sus obras son innumerables en lo que se refiere a esta deidad

Empungo enkita maseque espíritu de los montes y las encrucijadas de los caminos, ya vive lo mismo que en el monte como en iya ensila las cuatro esquina.

LAS FORMAS DE CONFECCIONAR LUCERO

En esta religión de palo en este oficio se confecciona de diferentes formas. Ya. Existen tantos caminos que solo con el tiempo lo sabrán se puede recibir de diferentes maneras dependiendo del munansos Congo (la casa) que los represente.

1. De un muñeco y hasta puede ser de dos caras
2. De un cuari, un caracol grande cargado con todo
3. También de un caracol pero encima de un Cardero de hierro que es una prenda de Lucero
4. De masa o sea concreto con sus secretos
5. De un matari (piedra) del monte, rió, mar o Montaña, dependiendo el camino sea endoki Bueno o malo
6. Chibiricu muñeco grande cargado, que son un terror. Ya que para construirlos, ya quedan pocos en esta religión que tengan ese poder y la faculta de hacerlos caminar y esto va con todo mi respeto para los ganguleros, tatas y tatanguis de esta religión de palo monte mayombe y sus ramas que puedan pensar diferente.

Sala Malecun, El Oficio Congo Sambia Npungo
Me Los Cutare {Dios Te Bendiga}

Lucero tiene diferentes formas dependiendo del camino y el propósito para lo que se prepara en el oficio Congo y del malongo, tata nkisi. El brujo es el que conoce bien a este individuo Empungo lucero que es muy travieso y lo mismo desbarata y que compone que va y viene cuando memos lo esperamos.

Ya que de este encuyo se dicen tantas cosas en la religión de palo monte que se necesitaría un libro completo para hablar del sol. Ya que todo gangulero tiene que contar con él para todo en este oficio Congo del cual les estoy brindando mis experiencias como guía de esta profesión de kisi malongo, brujo.

Ya que Por lo general lucero come de todo pollos gallos chivos toro perro en los plantes de palo monte y de acuerdo a la rama y el tata se construye de diferentes formas los elementos sean palos tierras rastros minerales, oraciones trazos en el fondo de canasta.

Donde se confecciona en el habitáculo sagrado para darle vida espiritual, para formar parte de los altares congos. Lucero mundo, lucero prima, lucero madruga endoki viento malo encuyo, Empungo enkita desbarata y compone.

Es una deidad de mucha importancia en esta religión de palo monte, ya que por su acción y potencia él es el dueño de los caminasen esta religión de palo monte Encunia lemba sao, enfinda, cunan finda, la regla de palo monte.

HABLEMOS DEL NPUNGO NKITA SARABANDA (SARANBANDIA)

Sala malecun

He aquí otro Npungo Sarabanda palabra mayor cuando se dice Sarabanda, la acción de la vida pues todo lo que en ella se mueve es del dueño del hierro la fortaleza guerrero imparable verdugo y justiciero.

Pues a pesar de poseer tanto poder de destrucción es justiciero pero en sus garra no tiene rival y castigando lo hace sin misericordia si no se hacen las cosas bien en este oficio Congo.

Mi Sarabanda, mi Embele viejo quien me resguarda(machete) mi Kindemo (cardero) tres pata, por si se le rompe una, mira si es sabio le encanta la minga (sangre) y verla correr es para él un placer.

Mas por experiencia propia, Sarabanda si dice aquí esta no se le pregunta; pues esta entidad Empungo potencia de la religión de palo monte y en lo Yoruba, la santería es (Oggun, Choro, choro cabu, cabu) y en la religión de Palo Monte Mayombe es Sarabanda prenda mayor, aunque uno tenga o reciba otras es cabeza de Palo Monte Mayombe y brillunba o kinbisa un mundo en miniatura báculo sagrado del panteón Congo de la religión de Palo Monte.

Sala Malecun, El Oficio Congo Sambia Npungo
Me Los Cutare {Dios Te Bendiga}

Al yo referirme al Empungo sarabanda me quito el sombrero ante su poder, Ya que defendiendo a sus hijos va y viene prenda mayor en jerarquía y poder, Es aquí donde se juramenta encima de el báculo sagrado de fondo de canasta o sea el recipiente donde se construye es un cardero de hierro que se consagra haciendo los rituales que les corresponde hacer al Tata.

Ya que Este es un fundamento, que es de un poder cuando se aprende a montar bien, quinto piso y se sabe de lo que es fondo de canasta. Que es el comienzo de montar los báculos sagrados de la religión de palo monte y sobre cuando se monte bien. Es una prenda que nunca los deja a pie en esta religión de Palo Monte, ya que si de guerra se trata es guerrero como no existe otro que no sea sarabanda en este oficio Congo.

Sala Malecun, El Oficio Congo Sambia Npungo
Me Los Cutare {Dios Te Bendiga}

NPUNGO SARABANDA

Su función en la religión de Palo Monte Mayombe es Velar 24 horas sin decantar y velar por su amo. Pues como el mismo es dueño y señor de los metales, los autos trenes en su acción todo lo que se mueven. Así mismo es en los munansos templos congos. Sarabanda tiene muchos caminos como Lucero en esta religión de palo monte.

Pero por la natural hoy en día se monta en un cardero de hierro con ñampe o sin ñampe (cráneo). Pues como quiera trabaja si se sabe montar bien, en fondo de canasta. Ya que una fundamento bien hecho desde el principio es la vida de los báculos sagrados de esta religión de palo monte;

Sala Malecun, El Oficio Congo Sambia Npungo
Me Los Cutare {Dios Te Bendiga}

SACRIFICIO A LOS FUNDAMENTOS

Bien esta prenda fundamento wanga enkiso, macuta come de todo. Incluso, un guao (perro) un mene (chivo) y Sunso (gallos) y desde una víbora hasta un león y también un torito pues es poderosa como no hay otra. Al decir es que hoy en día se monta en cardero de hierro es porque en tiempo de ante las wanga (prendas) las podían enganchar en un saco de canapé, con solo con palos y una Killumba.

Eran tiempos poderosos de antilangas (tiempo pasados) Donde los ganguleros, kisi malongos, los malongos (brujo) de verdad por su dedicación al oficio Congo. Pero todavía ay congos lo importantes encontrar a los malongos (brujos) que quedan. Ya los que saben quedan muy pocos, ya que es aquí donde está la diferencia de esta religión de palo monte. Que los inventores y los sábelo todo se pasean por doquier, sin saber a ciencia cierta los misterios tratados pactos que esta religión lleva en cada obra para la confección de cada báculo sagrado.

Por lo tanto es aquí donde los rituales y ceremonia son de vital importancia en esta religión de palo monte de la cual mi interés es que aprendan bien este oficio Congo en la religión de palo monte.

Sala Malecun, El Oficio Congo Sambia Npungo Me Los Cutare {Dios Te Bendiga}

Nota de importancia es que algunas casas de palo lo ejecutan diferente en el sentido de sus munansos Congo templos cabildos barrocos y sus mayores Tata (padre) Tatangui (abuelos) lo hacían de de una forma diferente. Pues es importante es seguir la regla de sus mayores en la religan como respecto. Lo importante es hacer las cosas bien hecha y no confundir la mierda con la peste, para que luego no allá una explosión.

Pues las gangas prendas wanga la mula sea los receptáculos de los altares congos son como una bomba de tiempo que no se puede prender la mecha si uno no sabe bien el oficio Congo. El brujo por su instinto propio sabe de los resigo de este oficio Congo una de las profesiones más antiguas.

Por lo tanto hermanos Congo no son necio y el que sabe no muere como el que no sabe en este oficio de la brujería dentro de este legado religioso, el que se pacta con el mas allá del mundo de los muertos, donde los vivos hacemos los tratados y pactos a través de rituales y ceremonias de las cuales se deben aprender para ejercer este oficio Congo.

Sala Malecun, El Oficio Congo Sambia Npungo Me Los Cutare {Dios Te Bendiga}

Pues las prendas son navajas de dos filos y los kindemos de sarabanda el Mpungo mayor el (carderos) tienen tres patas en vez de dos. Con eso le dejo dicho bien claro que si las personas no están

Facultativas para realizar las obras en la religan de Palo Monte Mayombe no se metan hacerlas. Ya sus métodos tratados y pactos ceremonias conllevan tiempo y experiencia.

Mas es por eso que en este manual de enseñanzas les brindo mis experiencias de medio siglo dentro de la brujería y mis canas no me han salido en vano. Mas son muchas y por esta es que yo Misael me gustaría de corazón para aquellos que tienen interés en un mañana convertirse en buenos malongos (brujo) que tomen esto en consideración y no como un regaño.

Ya que más sabe el diablo por viejo que por diablo y mis caminos recorridos en este oficio Congo son las experiencias vividas para poder sobrevivir en este oficio Congo. En donde existe tanto desafió y Malta por destronar a uno pero yo mismo digo palo con el negro y el negro parado y mientras Casimiro espante la mula y yo pueda silbar, yo arrea fula y llega lejos y palo con el negro y el negro parado, ya que Congo baila en un solo pie y muda pellejo como la serpiente.

Sala Malecun, El Oficio Congo Sambia Npungo Me Los Cutare {Dios Te Bendiga}

Pues aprender no ocupa espacio ni las lucema (cabezas) les va a crecer más, ya que dentro de la religión de palo. Por mis años de experiencias, he podido comprobar a través del tiempo que he venido ejerciendo el oficio Congo, como palero gangulero, malongo.

Sé que todo el día se aprende algo nuevo y mi vida espiritual y del diario vivir. Así me lo ha demostrado la vida. Ya que mis virtudes y mis

Pensamientos y mis obras van en aumento día tras día hasta el punto que hoy en día estoy escribiendo mis experiencias y las puedo compartir con mis enpanguis (hermanos) de la religión de palo monte.

Ya que para mí es un placer ser útil y compartir con ustedes mis experiencias adquiridas en tantos años en las diversas religiones. Por eso en estos libros les hablare paso por paso para que tengan un mejor

Entendimiento de la religión de Palo Monte Mayombe y sus obras dentro de los cabillos templos munansos Congo.

Sala Malecun, El Oficio Congo Sambia Npungo
Me Los Cutare {Dios Te Bendiga}

Es de este tema tan importante basado a la religión de palo monte y los métodos que se usan en sus obras barrían según la necesidad del caso o ceremonia que se quiere hacer. Pues el oficio Congo son innumerables sus obra y para cada ocasión se requiere de métodos diferentes con el trascurso del tiempo. Ya que es como se adquieren las experiencia en este oficio Congo, si las cosa se hace bien al pie de la letra.

Por lo tanto ese es mi propósito es que tengan una idea de lo que se trata ser un malongo cheche bacheche de la religión Palo Monte Mayombe el palero. Ya que en este oficio Congo se requiere tener paciencia para aprender bien pasó a paso, para que de esa forma sea que van adquiriendo la experiencia necesaria para aprender sus obras métodos y ceremonia y la forma como se ejecutan en esta religión del Palo Monte Mayombe. El oficio de los Kisi malongo (brujos)

Sala Malecun, El Oficio Congo Sambia Npungo
Me Los Cutare {Dios Te Bendiga}

Es aquí donde yo como hombre de fe y amor a esta religión de palo a la cual pertenezco desde el arribo a esta tierra al iniciarme dentro de este legado religioso. Lo cual les puedo hablar por mis experiencias propias y no por cuentos ni libritos como muchas gentes practican la religión de palo monte. Porque no es llamar al katian pende mundo infierno, langunbe (el diablo) que verlo venir y montar carderos sin fundamentos sin base porque me dieron evidencia y lo vi. En otro lugar donde frecuentan o se han iniciado (rallado). Eso no le da ninguna faculta para tener el descaro y la falta de respeto a los mayores, incluso, a la religión.

Sala Malecun, El Oficio Congo Sambia Npungo Me Los Cutare {Dios Te Bendiga}

Ya que para montar un Kindemo (cardero de hierro) el báculo sagrado de esta religión el cimiento de fondo de canasta es de suma importancia. Ya que los verdaderos tatas padres Mayomberos brillunberos o kinbinseros en este oficio se necesita saber bien lo que es el fondo de canasta, de quinto piso, que es cosa de vivos, magos y no de muertos como existen atrevimientos.

Ya que esto es de magos, brujos kisi malongos que saben bien los secretos, signos, ensalmos, cantos, mambos, rezos, los gandos que componen las fórmula para que estos fundamentos tengan los rastros necesario. Ya que solo un Tata (padre) facultativo que haya pasado por estas ceremonias es verdaderamente la persona indicada siempre y cuando le hayan autorizado un verdadero Tata, Sacerdote de la religión de Palo Monte Mayombe.

DETALLES DE IMPORTANCIA DEL APRENDIZAJE

Otro detalles, es que de la nada, nada nace y las prendas nacen unas de otras eso se llama sombra. Ya que Siempre existen inventores (facenda) mentiroso pero a la larga esto trae muchos problemas. Hasta para hacer pacto en campo finda cuna lemba, tienen que saber hacerlo y no traer muertos, si no saben bien lo que van hacer con ellos y como atenderlos.

Más obviamente reitero que de esa forma que trabajan las prendas judías que no tienen control cuando no se trata de dominarlas. Es como una fiera rabiosa sin domar, que es capaz de comerse al mismo padre que los busco. Por lo tanto, eso pactos, tratados monanfilos sin saber lo que uno hace, sin no es piloto, no se monta a volar un avión si no sabe volar. Así es esta religión de palo monte que para poder gobernar se tiene que aprender a escribir primero.

Porque hoy día en tierra de tomate todo son cocinero y este oficio Congo no es así como muchos se lo vienen creyendo jugar palo es cosa seria en esta religión de palo monte de la cual en mis enseñanzas les servirán de guía en este oficio Congo.

Sala Malecun, El Oficio Congo Sambia Npungo
Me Los Cutare {Dios Te Bendiga}

Esto procedimientos se lo dejan a los que saben volar sin alas que son los kisi malongos ganguleros de verdad los Cheche Bacheche los cuales cuando aprendan bien el oficio Congo ustedes volaran también, por eso quiero que aprendan. Por eso los métodos que usan los Mayombero para construir los fundamentos todos son bautizados en forma Cristiana, desde el primer paso que se da en guaculan Congo que quiere decir descendencia buena.

Por lo tanto hermanos estos báculos sagrados que se construyen por los magos (brujos) de la religión es cuando se dice Waculan Congo (de género bueno). Entonces, es un fundamento porque es construido por una persona autorizada de la religión de Palo Monte Mayombe y no por inventores profanadores de religiones.

Aun mas hermanos los reglamentos sus métodos como se hacen las ceremonias y rituales son muy importantes para todos ustedes aprendan, los futuros ganguleros, kisi malongos (brujos) que escogen este oficio Congo. Que Sambia Npungo (Dios) me los cutare. Bendiga Consejo de sabio ganancia para el futuro Templo Lucero Mundo Misael Palero Santero. Sala malecón buena cría vale un bando.

PREPARATIVO DE LA MAMBA

El Yamboso Agua Gongoro

Procedimiento de este ritual es de suma importancia en lo que se refiere a este oficio Congo, algo es parte de la ceremonia de iniciación dentro de este mundo del cual cada ritual va a su debido tiempo en los plantes de la religión de palo monte mayombe y el signo trazo que ustedes ven se traza para el ritual de preparación.

Hablemos Del Yambazo Gongoro {Bebida Consagrada}

Que es Yamboso Gongoro? Ya yo puedo garantizar que muchas personas en la religión y munansos templos (casa) sin fundamento que no tiene la menor idea de que se trata. Esta bebida que se consagra en la religión de Palo Monte Mayombe y se dicen llamar tatas (padres) de la religión.

Por lo tanto hermanos esta profesión tiene muchas mañas que se deben aprender bien primero antes de salir volando sin haber aprendido. Ya que el oficio Congo, de gangulero, brillunbera, kisi malongo (brujo) los métodos y sus rituales tienen formulas secretos y su forma de confeccionarse y entre esto está el Yamboso Sambia Uria, medicina de Congo, con la magia de Sambia npungo Dios, que se le debe dar a los iniciados en la rama de Palo Monte Mayombe.

Esta bebida es sagrada, un antibiótico en contra de cualquier mal que la persona tenga en su interior y a la misma vez le sirve de resguardo. Por lo tanto A través del tiempo existen barias obras de las cuales también se le da tres pimientas, con un pedacito de corazón, al Tomar el Yamboso Gongoro resguardo sagrado de Congo otros con pasote y aceite otros con la chamba que es la bebida con la que se rosea la prenda los fundamentos los báculos sagrados de esta religión de palo monte.

Sala Malecun, El Oficio Congo Sambia Npungo
Me Los Cutare {Dios Te Bendiga}

YAMBOSO GONGORO

Es aquí donde tiene diferentes formas de prepararse, ya que solo aquellos tatas (padres) facultativos son los que verdaderamente deben preparar el Yamboso. Algunos lo preparan con pasote aceite y otras cosas, mas mientras otros los preparan con chamba que es otra bebida que se confecciona con agua ardiente, pimienta, chiles ajíes, jengibre, minga, sangre y palos arrastre de la prenda.

Pero al Yambazo Gongoro el remedio de los brujo, unos le dan de comer y otros no solo los kinbinseros del santo Cristo del buen viaje y igual a la bebida dulce del brindis. Por tal razón, es natural que todos aquellos futuros tatas, kisi malongo tengan esto en consideración para cuando llegue la ocasión y si no saben, pregúntenle a su tata y si no aprendan bien el oficio Congo y como se dice si en mi tierra no brilla el sol yo brinca la mar y no es detenerse en los pasos de aprender bien este oficio Congo del cual les brindo este manual como guía de enseñanza.

Sala Malecun, El Oficio Congo Sambia Npungo
Me Los Cutare {Dios Te Bendiga}

Pues en esta religión, aparte del respecto a los mayores, también tienen el derecho de aprender bien el oficio Congo, el de los brujos y Mayomberos. Por lo tanto hermanos de la fe los reglamentos, mis enpanguis (hermano), no le dicen a nadie que no aprendan, ya la era de los esclavos paso y los tiempos viejos no terminan en sus reglamentos.

Pero el derecho aprender el oficio de kisi malongo (brujo) es de todos aquellos que con amor y fe hacen sus sueños realidad en buscando la verdad. Aprendiendo para que nadie le venga con cuentos y mentiras en la profesión que han escogido el oficio Congo. Como los malongos (brujo) y de la misma manera les digo yo en mis experiencia he tenido que aprender a pulmón y con esfuerzo.

Sala Malecun, El Oficio Congo Sambia Npungo Me Los Cutare {Dios Te Bendiga}

Pero en mi vida espiritual, le dio gracias a Sambia Npungo (Dios) y a los maravilloso espíritus, mpungos y muertos que me han venido instruyendo y que yo jamás me he dado por vencido aprendiendo de aquí y de allá.

Por eso yo Misael les digo, que no se detengan ante nada ni por nada y lo que no se aprende hoy, mañana es posible si el deseo persiste. Por lo tanto hermanos, así es este mundo de la brujería del Palo Monte Mayombe que no detiene su paso.

Al contrario, se necesitan personas con fe y dedicación que sean capaces de vencer los imposible haciendo de esta profesión su casa, su amor y lo que dediquen en aprender hoy, será ganancias para un mañana.

Para que Otros como ustedes pueden ser sus discípulos con orgullo. Tatas, Mayomberos, Brillunberos, Kisi Malongo, los cheche bacheche de la religión de Palo Monte Mayombe, los brujos del oficio Congo. No se olviden del Yamboso. Sambia me los cutare! Sala Malecun.

EL TORO DE LA LOMA ENSASI 7-RAYOS NKITA MPUNGO SAMBRASI DINAMUTUTO

Lucero

Siete Rayo

Al Hablar de Ensasi 7-Rayos, mi gente, mi enpanguis son cosas seria. No es un juego de niño ni cuento de hadas. Ya que 7-Rayos no es mariquita como se creen mucha gente que equivocada, que confunden la religión de Palo Monte Mayombe con otras religiones o que confunden la mierda con la peste. Porque al decir Ensasi 7-Rayos, el toro de la loma nos tenemos que quitar el sombrero ante Francisco Siete Rayos, mas hay que decir usted y tenga cuando de hacer guerra se refiere es un toro embravecido. Que cuando lo acorralan, ataca sin piedad y tira piedra y no son piedrita, son piedra de rayo y tormenta pura para los que creen en él.

Dejo saber mis enpanguis, {hermanos}, que él se come un corderito porque esa es su comida; por eso es que cuando se está sacrificando el chivo dice ve y el carnero muere callao, ni grita siguiera. Así es Ensasi 7-Rayos, macho, guerrero sabio en todos los aspectos de la religión, justiciero e igual a Sarabanda; pero es candela pura. Así es mis enpanguis. Si no, se lo preguntan al chino Herrieta?

Sala Malecun, El Oficio Congo Sambia Npungo
Me Los Cutare {Dios Te Bendiga}

Ya que el simboliza el lumbe (fuego) prende sin mecha y despúes es tan fuerte que no se quiere apagar, ya que con una hacha en la mano es invencible y su poder va mas allá de la loma. Ya que 7-Rayos es Santo muy alegre, tamboleros.

El es el altar mayor de los Mayomberos de la rama de los sacara empeño del Chino Arrieta Cárdena, Bustamante Gasón rodríguez y otros Mayomberos, mejor les digo, que sobre todo no da tregua al enemigo. Revienta y reúne como un remolino y anda al frente de los huracanes y es el relámpago que del cielo castiga la tierra con sus vientos.

Sala Malecun, El Oficio Congo Sambia Npungo
Me Los Cutare {Dios Te Bendiga}

Siete Rayo igual a Sarabanda, son fundamento mayor o sea cabecera en Palo Monte Mayombe. Se puede montar en Kindemo (cardero de hierro o en candongo (cazuela) de barro igualmente con ñampe o sin ñampe (cráneo) trabaja igual y siempre y cuando se haga correctamente en este oficio Congo.

Lo más importante es la sabiduría que se adquiere hasta convertirse uno en un buen gangulero. Ya Ensasi 7-Rayo igual todo los dioses, deidades se confeccionan de materias convertidas uniendo la fuerza de la naturaleza con rastros objetos plantas palos rastros aguas metales huesos animales y sobre todo conocimiento faculta para esta profesión de los malongos (brujos) que practican la religión de Palo Monte Mayombe.

Así es como Ensasi 7-Rayo, una potencia que todos veneramos en esta religión de palo monte de la cual viene de los siete reinos Congo loando mani Congo. Bacongos, Guaculan Congo, Mambe, engo lemba, lemba.

Donde Casimiro espanta la mula se arrea fula y se llega lejos en este oficio Congo. Donde Congo no son manteca y si son manteca no se derrite y así es siete rayo dinamututo, el toro de la loma en esta religión de palo monte.

Sala Malecun, El Oficio Congo Sambia Npungo
Me Los Cutare {Dios Te Bendiga}

Al yo hablarles de este npungo, les hablo de cabecera, donde enbele viejo (machete) viejo guarda a su amo como engo {el tigre} que es el. Ya que Ensasi Siete Rayo va y viene en esta religión de Palo Monte. Por lo tanto, esta Deidad del Panteón Congo se distingue por su poder para los Mayomberos y los brillunberos y kinbinseros.

Aunque es venerada por todas las ramas de Palo Monte y las que no son, porque sus fieles devotos abundan por la fe de la tierra y especialmente por la religión de Palo Monte como uno de sus Dioses del Panteón Congo.

Al cual se le rinde tributo en cada ritual o ceremonia el come carnero, gallo, lagarto, guinea, jicotea, toro, perro, aun mas hermanos, sus tratados son innumerables y de su historia es la vida de los ganguleros que lo veneran, así es Siete Rayo; el macho mano de los ganguleros.

Sala Malecun, El Oficio Congo Sambia Npungo
Me Los Cutare {Dios Te Bendiga}

EMPUNGO

Tiembla Tierra

Nota... Esta prenda fundamento es muy exclusiva donde su potencia y dominio es incomparable a otros fundamentos. Su función y poder supera los límites de algo que con el poder que Sambia Mpungo (Dios) le ha otorgado. Tiembla la tierra de verdad y justicia como su nombre lo dice igual a otros fundamentos. Sus obras hacia el bien y vencen al mal.

Ya que esta deidad del Panteón Congo para los kinbinseros del Santo Cristo Del Buen Viaje de Andrés Facundo Piti y mama Lola casinbico y igual a mama Kengue, que son báculos sagradas en los altares congos de la religión de Palo Monte.

Así es Tiembla Tierra, ya que sus ceremonias y bebidas sagradas no son como la chamba, ni es un báculo fundamento (prenda) Sagrado, que no se debe estar encima del como los otros fundamentos de los altares congos.

Es místico y rabioso, por tal razón, es muy importante saberlo cuidar y no cometer actos impuros al frente de Tiembla Tierra. Por su poder del bien, quiero que tomen nota de todo lo que les estoy enseñando, ya que una vida dedicada a este oficio Congo como yo lo llamo. Son caminos andados de los cuales le servirán de guía en el camino de aprendizaje de esta religión de Palo Monte, Encunia Lemba Sao, Enfinda, cunan finda.

Sala Malecun, El Oficio Congo Sambia Npungo
Me Los Cutare {Dios Te Bendiga}

Por mis experiencias, es muy delicado pero poderoso, justiciero cuando de su poder se trata. No hay otro igual. Su furia puede sentirse cuando está enojado. Es menester tenerlo aislado y solo en las ceremonias es que se debe sacar.

Por lo tanto hermanos, es una báculo sagrado, wanga nkisi (prenda) sagrado digno de admiración, igual al enkiso Empungo que representa a Sambi el cual se debe tener separado y no prender fula (pólvora) al frente del.

Pues el verdadero dueño de la fula (pólvora) Así es Tiembla Tierra. Es más bravo que el mismo, huracán la tierra y tiembla ante. Su poder es un Dios, un npungo, una entibada poderosa y que no todo el mundo dentro de la religión de Palo Monte puede poseer.

Más obviamente reitero que, no se deben cometer faltas mayores ni actos impuros si no quieren ver quien es esta entidad potente, como no existe otro igual. Así es Tiembla Tierra se confecciona lo mismo en Kindemo (cardero) de hierro que en candongo (cazuela) de baro. Sus rastro tierras y palos se prepara deben estar completamente limpios tanto el tata (padre) como la yaya (madre) y el mayordomo.

Por lo tanto, este Empungo deidad, su signo, sus mambos y rezos deben hacerse en armonía y paz; los animales, gallos blancos, guineas como chivo y también cerdo del cual se le ofrece el corazón en la rama de Santo Cristo Del Buen Viaje sea los kinbinseros.

Sala Malecun, El Oficio Congo Sambia Npungo Me Los Cutare {Dios Te Bendiga}

Pero esta ceremonia a tiembla tierra se hacen pacto; por tiempo deseado dentro del fondo canasta para larga vida. Por eso, yo Misael les digo, que no se pongan a inventar con esta entidad que es Tiembla Tierra del Panteón Congo. Abátala macho Ardua áreme otra es Mama Kengue otra Abátala Sambí Cocaroco munan sulo munan Toto, Dios del cielo y de la tierra.

Mas obviamente reitero, que la diferencias de mama fenda, mama Kengue, es que es una endunba (mujer). Pero con el mismo poder que Tiembla Tierra, esta prenda representa paz y tiende la mano a todos sus fieles creyentes.

Es seccional también como todos los Obátalases Empungo abátales. También se rosea con una Uria Sambia (bebida) especial que lleva brandy, vino dulce, canela, y se le da minga (sangre) y es la misma que se brinda en ceremonias especiales donde se celebra plantes, invite Congo de palos en sus iniciaciones de los kinbinseros la regla de Palo Monte, Encunia lemba sao, enfinda cunanfinda.

También se rosea a Mama Kengue, en doña María y Tiembla Tierra y aunque todavía no he mencionado a Chola wengue, también se rosea a Chola. En una rama de Palo Monte, del Santo Cristo Del Buen Viaje, kinbisa quien vence, hasta que mundo tesie.

Lo cual hermanos existen tratados, pactos y rituales diferentes a otras ramas de la regla de Palo Monte de las cuales les hago mención, para que se lo graven en su repertorio de la sabiduría en este oficio Congo del cual les quiero ensenar.

Sala Malecun, El Oficio Congo Sambia Npungo Me Los Cutare {Dios Te Bendiga}

MUNANSOS CABILDOS TEMPLOS

Estos vienen ciento las iglesias de los congos en esta religión de Palo, los cabildos de palo en los cuales he juega palo en sus plantes y he practicado diferentes de esto tratado en sus cabildos; que es lo mismo que munansos Congo donde se practica la religión del Panteón Congo.

Por lo tanto, Mayombe para brillunba y brillunba pare a kinbisa; pero tienen un mismo fin que es llevar bien sus reglas sin alterar la esencia de la religión de sus secretos. Incluso reitero, que estas potencias tienen sus ceremonia y Mama Kengue es una potencia, una Diosa que e Santa María que encumbre a Sambi madre de Sambi Panguito Cocoroto, Empungo (Dios) y se le debe tener respecto sobre todas las cosa.

Pero si no ay madre (yayas), hermanos, no ay hijo o yaya mariquilla que es la palabra como los malongos llamamos las madre y por eso decimos "Malembe – yaya, Malembe – yaya y en esta entidad que es Mama Benque que es Santa María, madre de Dios que encumbre a Sambi para que nos proteja de todo mal. Sala malecun, Sambia Dios me los cutare.

Sala Malecun, El Oficio Congo Sambia Npungo
Me Los Cutare {Dios Te Bendiga}

Esta deidad se confecciona y se monta en cazuela de barro candango. Su construcción es muy sagrada; ya que su poder lo dice todo vida y muerte llega sus tratados y pactos en el fondo de canasta donde se marca el recipiente como todas los fundamentos tienen rastros, palos, tierras, dundos, minerales elementos de la naturaleza.

Aguas sea vida de vida para estos mundos en miniaturas de los báculos sagrados altares de la religión de Palo Monte, un legado religioso lleno de Misterios que va mas allá de la vida misma que une lo físico con lo espiritual.

Por eso, al montar estos báculos sagrados que son los altares de la religión del Congo, la magia de la sabiduría tiene que tener la faculta para realizar este tipo de rituales y ceremonias pactos y tratados.

Así es mis enpanguis, la sabiduría de la vida es aprender bien este oficio Congo, al pie de la letra.

CHOLA WENGUE, NPUNGO NKITA,

Emboma Nkita mama chola wengue

Chola Wengue, la calunguera, bakeke dulce agua de río, la Mayimbe, la malongo (brujita) y que su poder ni dudarlo y el que lo dude que la desafié a ver cómo le va ya que mejor es tenerla de bien. Pues con sus mañas, es capaz de vencer hasta el mismo langunbe (el diablo) al parecer los que no la conocen como yo que es mi Madre en Palo y Santo.

Les puedo garantizar que cuando castiga lo hace tan fuerte que siempre te deja algo para que te acuerdes mientras vivas. Este fundamento tiene diferentes obras y se confecciona con mucha calma y que no le falte nada y con pleno conocimiento de sus signos, trazos, cantos y oraciones.

Cholita la niña buena con todos, pero por el otro lado es tan poderosa con sus brujerías, hechizos, en esta religión de Palo Monte, que ni dudarlo.

Ella es Mayimbe, el aura tiñosa que ve desde lejos y ve más que zunzún el gavilán, se caracteriza por su poder, a esta deidad enkita Empungo, en la religión de Palo Monte. Ya que tiene su gracia, la cual es la mensajera de Sambia Npungo Diosito Panguito de los congos.

Sala Malecun, El Oficio Congo Sambia Npungo Me Los Cutare {Dios Te Bendiga}

Por otro lado, es dueña de los empolos (polvos) y es la misma Mayimbe el aura tiñosa que todo lo ve y sube a ensulu (cielo) para darle cuenta a Sambia Npungo (Dios). En las batallas, es brava, dominante y vencedora. Pues los tiene a todos de aliados las diferentes potencias igual que todos los báculos sagrados.

Es tan así hermanos, las prendas todas tienen diferentes tratados y este de Chola Wengue no tiene excepción de las otras sea cual sea. Todos tienen diferentes tratados, pactos y rituales que como les vengo diciendo en mis relatos de aprendizaje.

De esta profesión de kisi malongo (brujo), no están fáciles y conocer todos los tratados que no se aprenden en un día, como yo he visto personas salir del cuarto y ya son yayas, padres y hasta tatas. En oficio Congo de los malongos, los ganguleros, el cual no es cosa fácil.

Ya el interés que yo tengo en que aprendan bien este oficio de brujo. En este oficio Congo es que aprendan este oficio Congo completo sin alterar la esencia sagrada de este legado religioso del cual es parte de mi vida.

Sala Malecun, El Oficio Congo Sambia Npungo Me Los Cutare {Dios Te Bendiga}

PACTOS TRATADOS RITUALES

En esta religión de Palo Monte los tratados y ceremonias son la esencia de este legado religioso. Ya que sus tratados pactos ceremonias y rituales son tantos, que por más que uno sepa, siempre le falta algo de aprender y no ay mejor testigo que el tiempo.

Por lo tanto, Chola es prenda buena, preciosa y maravillosa cuando se monta Bien con sus tratados y por una persona (tata) con conocimiento. Me acuerdo de Mama Lola Casinbico y Andrés Facundo Piti, el kinbinseros mayor y sus tratados, del Santo Cristo del Buen Viaje, los cuales se puede montar en cardero o cazuela siempre y cuando se sepa el tratado de ellos.

Ya que esta Santa Mama Chola que en la Santería, es Ochun y en palo es Chola Wengue. Es Un tratado de santo y muerto, ya que Chola es dueña de ensondi-ganzúa (el rio) tiene sus secretos, pactos y tratados que como de todo; Ella come chivo guinea, faisán, codorniz y hasta un cerdo, cuando el tata sabe el Tratado del ritual. Esa es mi Chola Wengue, La majestuosa Virgen De La Caridad Del Cobre.

Sala malecón buen lumbo, salud, que Sambian Empungo, Dios me los cutare, (bendiga) en la travesía de la enseñanza de este oficio Congo de la brujerías, del cual les brindo mis experiencias como guía de recorrer la magia de esta religión de Palo Monte, Encunia lemba sao, Enfinda, cunan finda.

Sala Malecun, El Oficio Congo Sambia Npungo
Me Los Cutare {Dios Te Bendiga}

VOCABULARIO

Abanico/fan	nfu
abey	abanké
abrir/open	wuanka, duilando
abrojo	nguingo, nguino
Abuelo/grandfather	nkaí, nkuku
acacia	topia
Aceite/oil	masi maki
Actividad/activity	kinyángla
Adelante/comeforeward	yalangá ngui
Adivinar/divination	vititi menso (con espejo mágico), vititi nkobo(s) (con caracoles)
Adivino/diviner	kusambulero, ngango ngombo, vititi sambidilango (vista del conocimiento)
adorno	bután dumba, mona
Africa/Africa	wánkila
Agua/water	mansa, manso, masa, mesi, ymasa
agua coco/coco milk	mansa kanputo, masa kanputo
agua del mar	ocean water, lango kalunga, galunga, mansa kalunga, masa kalunga
agua del río	river water - mansa cholán, masa cholán, lango ensondi
aguardiente	rum / palm wine - malafo, mansa ngangulero
aire	air - nkili, kunanfinda
ají	pepper / bell pepper - fótila
ajo	garlic - diamputo, niasa
alamo	machuso, mechuso
albahaca	basil / sweet basil- medaló, guánguao
alcohol	malafo mbinga, mabinga

algodon	cotton - duambo
almendra	almond - eguinsé
alta	high - simane, sambi, sambia, nsambi, nsambia
altar	alter - brandikú sambi, brandikú nsambi
amado	a loved one - nguá
amar	to love - ngolele
amanecer	to waken - dikolombo dikuama
amarillo	yellow - lola, moamba
amarrar	tie, to tie - kuta, nkuta
amiga	female friend - nkundi, yeyé
amigo	male friend - wankasí
amigos	friends - bakundi
amuleto	amulet - macuto, makuto
ancestro	ancestor- bakulá
antepasado	deceased - bakulá
aquí	here - munankuto, munankutu
araña	spider - masu
arbol	tree - bukuá, musi, yaiti
arena	sand - miseke
aretes	ear rings - ngungu
arodillar	kneel - fukama
arroz	rice - eloso, loso, yaloso
avispa	bee or wasp - supiwanpungo
ayudar	to help or assist - kawuanko
azogue	mercury - fendingondé
azul	blue - bundi
babosa	snail - yerebita, soyanga
bailar	to dance - kina kuame
baile	dance festival - kizumba
ballena	whale - lauriako
bandera	flag - dimbre, kanda, lelensuata
bañarse	to bathe - munia
baño	bath - sala
barco	boat - kumbe, nkumbe
barriga	stomach - malusa, kibumo
bastante	plenty - mbongo

baston	walking cane - tongo
basura	trash - nsasa, ntiti
bata	dress - matutu
bautizo	baptism - botika, gangangó
beber	to drink - mu
bebida	drink, liquor - chamba, malafo
bendición	bendicion, blessing - dingansuá
bichito (s)	small bug - bitilengo, (nfimán)
bicho (s)	bug - munfüira, (muninfüise)
bien	well, be well - kiambote
bigotes	beard - sanso, nsanso
blanco	white - mundele
boca	mouth - nuá, nia mua, munan nuá, moá, nakó
bolsillo	pocket - kuto, nkuto, munankuto
bonita	pretty - mlombe, mbuta
bota	throw away - lusango
botar	to throw - yosa
botella	bottle - fumbo, buate
brazo	arm - lembo batolembo
brocha	brush - sama
bruja	witch, sorceress - guenge, nguenge
brujeriá	witchcraft - kindamba, mayombe, mumbanda
brujo	wizard, sorcerer - tata nganga, tata nkisi, tata ndoki, tata mayombe, nbandoki, ndongo, ngangulero
bruto	dummy - matutu
bueno	well - bundu, lulendo, mbote
burro	donkey, ass - kombo bongalá
caballero	gentleman - ndo, paná
caballito del diablo	horse (mount) of devil - nkombo akinó, nsusu muteka, abalán pemba, kombo iata iabuiri
caballo	horse - batu, nialo, nialu, fato, nfato, nkato
caballo medium	spiritual medium - ngango ngombo, nganga ngombo
cabeza	head - brukoko, ntu, mulunda
cabildo	home - munanso

café = café	cuban coffee - kundia, kasá, kualikilo
calabaza	squash - malampe, nalé, makuké, maluké
caldero	pot kiso, nkiso, muluguanga kindemo
calentura	hot cold flash - fuka, mfuka
caliente	hot - banso
calor	very warm - banso, muyodo
callar	quiet - guisá
calle	street - nsila, sila
cállese	be quiet - kawako matoko
cama	bed - tanda, lukuame, mfuembe
camarón	shrimp - brinda, nbrinda
caminar	to walk - kiamene, kuenda, kiako
camino	road - kuenda, kuendan, nsila
campana	bell - ngongo
campo	country-farm - kunayonda, kunayanda
campo	Country-woods - nseke. mumuseke, miseke
canasta	basket - kawuandi
candado	lock - matuí, kumba
candela	fire - bansa, bánsua, nbánsua, mboso, ntuya, baso, mbaso
canela	cinnamon - mokoko wando
cantar	sing - nfindan
canto	song - nfinda, mambo
caña	cane - mikanga, misanga, muengue, marioka
caña de azúcar	sugar cane - madiadiá, musenga
caña brava	bamboo - matombe
cañon	canon - matende
cara	face - bundí, itama
caracol	shell - nkobo, bonantoto, simbu
carbón	charcaol - etía
cárcel	jail (ed) - Nso gando, kutamu labambu
carne	meat - mbisi, bisi, mbifi, bifi
carnero	ram - meme, dimeme
carta	letter - mukanda, nkanda
casa	house - nso, munanso
casado	married - nklá

casamiento	to marry - kusakana, longo
cáscara	shell or outer cover - lele
catorce	fourteen - kumiyá
cazador	hunter - mbole, walube
cazar	to hunt - kuela
cazuela	cauldron - balonga, balongo, kalubango, mulanganga, guincho, nguincho
cebolla	onion - molalo, alulosa, abubosa
ceiba	ceiba pentandra - nsambi, ngunda, ngundo, nsambia, sambia, sambi
cementerio	cemetery - nfindantoto, kunanso, kunasinda campo lirio
ceniza	ashes - mpolo kubí, mpolo banso
cerebro	mind - samidilango
ciego	blind - wafamensu, kanaba
cielo	sky - nsulu, sulu
cien	hundred - nkama
cigarro	cigar - nsunga, sunga
cigarillo	cigarette - nsunga mene, sunga mene
cimarrón	escaped slave - pakase lele
cinco	five - ifumo
cintura	waist - eluketo, munila
ciudad	city - mbansa
clavo	nail - manan sonyé
cobrar	charge - igana
cocina	kitchen - lambe
cocinar	to cook - ise
cocinero	a cook - mulombi, mualambi
coco	coconut - kano mputo, babomela busa, bana coco
cocodrilo	crocodile - gando munadansa
coge	take - kuata
coger	to take - tala
cojo	limping - guafákulo
collar	necklace - sanga ndile, nkutu dilanga
comer	to eat - gako, lubia

comida	food - ndiá, uria, udia
compañero	companion - mpanga samba
comprar	to buy - kuenda suila, kita
contar	tell - nika
contento	happy - matoka kawuando
conversando	conversing - banbangán
conversación	conversation – burokoko mboma
corazón	heart - ntimate, nbundo
corojo	palm oil - ntunde
correr	run - lenga
corriendo	running - san san
cráneo	cranium = skull - kiyumba
crucifijo	crucifix - nkagui, nsambiapiri
cruz	cross - njubo, tanda, kabusa
cuarto	room - suako
cuatro	four - iya, tatu, efuá
cuatro espquinas	four corners - dilu, ndilu
cuatro vientos	four winds - kulusu, lucero
cuba	cuba - ngundo, kimputo cunayanda
cubano	cuban - wanfuto
cucaracha	cockroach roach - nfusé, mpesí, pese, mpese
cuchara	spoon - luto, nalende, kalú
cuchillo	knife - mbeleko, bele, mbelefina
cuerpo	body - nitu, masimenga, fumanguame ndu;.// nbo
cueva	cave - kasimbo, kasimba
cuidado	careful - kirio, nkirio
culebra	snake - mbamba, mbambo, sima, nsima
curandero	healer - Ngango buka, gangantare
chivo	goat - chenché, ekomba, kambo, kombo, nkango, nkongo
chusma	trashy female - ñángara
chismoso	nosy + gossiper - ndimanguiwa
chiquillo	small child - watoko, guatoko
chino	chinese - mingango, mogango
dame	give me - kuende, atuyá, támbula, simba, mpandika

dar	to give - kuba
daño	harm - diambo, kualono
dedo	finger - mioko, mioka, ngüika
dedos	fingers - nlembo, lembo
derretir	melt - languán
deseo	desire - ntondele
despacio	slow(ly) - sualo sualo
despierto	awake - wiriko
desprenderse	tear away from - sakri, sakrilá
día	day - bá, muine, melembe, lumbo
diablo	devil - ndoki, kibundo, karire, minianpungo, kachanga, tata lubuisa, sampungo, doki
diente	teeth - menu, meno
diez	ten - kumi
dieciséis	sixteen - kumisabami
diecisiete	seventeen - kumisabuare
dieciocho	eighteen - kuminona
diecenueve	nineteen - kumifuá
dinero	money - nsimbo, simbo, simbongo, nbongo
dios	god - nsambi, sambi, nsambia, sambia
dioses	gods - mpungos, npungos, mpungo, npungo
diosa	goddess - mpungu
doce	twelve - kumiyole
dolor	pain - yela, lunsa
domingo	sunday - diansona
doncella	virgin - kiwaka
donde	where - kilumbo, kiló
dormir	sleep - léka, solele
dos	two - yolé, tauo, yari
duele	it hurts - yele
dueña	female owner - nguda nkita
dueño	male owner - gangán gumbo, owner - dundu mbe
dulce	sweet - dimbo, ndimbo
durante dia	during daytime - kunanga
durante noche	during evening = kuseka
durmiendo	sleeping - talekendo

edad	age - kisoko
el	he - muene
ella	she - muena
elefante	elephant - nsacho, insan, bondantuei, pakasa sao, nsao
embarazada	pregnant - loyú
enamorado	lover - yambisa
enano	dwarf - ndundu mbaka (evil)
encender	light up - tuya, ntuya
enciende	light it - songuilá lumuine
energía = energia	energy - wánga
enfermedad	sickness, disease - kuakumenu, yari yari, yemba, yembo
enfermo	sick person - yera, yari, yányara, tubelanga
enojarse	get mad - fula botán kando
entender	understand - tukuenda
enterrar	bury - kunfunda
entierro	burial - lukamba nfinda ntoto
entrar	enter – kota cuenda
envidia	envy - kimpa, kimpalu
epilepsia	epilepsy - nianga
erección	erection - nfia timbisi
esclavo	slave - mabika, mubika, muika, mbaki, musensa, babika
escoba	broom - monsi, nmonsi, kamba, baombo
esconder	hide - kabansiero, kabanchielo
escopeta	rifle - nkele, kele
escribir	write - masanika, chikuere, mukanda
escuchame	listen to me - guisá
escuchar	listen - sikilimambo
español	spanish - musuluwandio
espejo	mirror - lumuino, lumino, lumueno, vititi menso, vititi mensu, mpaka lumueno
espejuelo	glasses - lumeno
espina	thorn - kere benda, kunia

espíritu	spirit - ncuyo, nkuyo, nkisa masa, ngunda, ndúndu, dibamba, yemberekén, dúndu, simbi, yimbi, ndoki, indiambo, yimbi
espíritu (brujeriá)	evil spirit - kindoki, kilumbo
espíritu (nganga)	cauldron spirit - nfumbi
espíritu (fantasma)	phantasm spirit - musanga
espíritu (malo)	bad spirit - ndoki
esposa	wife - nkana
esquina	corner - pambián nsila
estar	to be - diata
estoy	i am - yera
estómago	stomach - puan boane
estrellas	stars - buetéte, buéte, teténwangam tetemboa, tango bonansisa, bunansisa, makoria
estudiar	to study - kudilonga
excremento	excrement - tufe, tufi, ntufi
extranjero	stanger - luwanda, lunwando
faja	belt - fanda, pondá
falleció	deceased - tondoló kuame
fama	fame - bango
familia	family - kanda
fantasma, espiritú	phantasm spirit - kinkindikí
favor	favor - sofeka, nsofeka, masikila
ferrocarril	train - guio kila, nkumbre kunayiere
fiesta	party, festival - sikiringoma, kisobiakia, kisingokia ngola, bangalán
fiesta (baile)	dance party - kuma kiá ngola
fiesta(música)	music festival - mumboma
firma	signature or sign - patibemba
flecha	arrow - fendindé, yilo
floja	loose - tui kamasinda
fogón	stove - kuta, nkuto, munantuya, muyaka, maka
fornicar	fornicate - timbé, fifita oyongo
frijoles	beans - guandi, nkita lumbe
frijoles colorados	red beans - guandu mayonda lele

frijoles negros	black beans - madenso, mandenso
fruta	fruit - machafio
fruta bomba	papaya - machafio kisondo
fuego	flame - lemo, bukula
fuerza	strength - ngunsa, golo, ngolo
fumar	to smoke - basuke súnga, munu suké nsunga, fatibemba
fundamento	fundamental cauldron, root cauldron - songue, munalanga, pungún banso, yaya wanga, bango sasinguila
funeraria	funeral - yémba, fuá nso
galleta	cracker - pojitana
gallina	hen - nsusu, sunsuketo, susukeké, wanabalo, wanambolo
gallo	rooster - susún kokoro, sunsú kekú, susunwere
gancho	hook - samio
ganso	goose - wánkala
garabato	branch stick - mombala
gato	cat - kimbungo, chiwabe, fumankano, fundiankane, güai, nguai, tualengo
gata de magia	magic cat - bumba
gordo	fat man - buamato
gracias	thanks, thank you - ndondele, ntandele, tondele, ntandala moana, nkimandi, sundi, donso, ndonso, manbote,wuanka, nwuanka
grande	large - ntukuá
grupo	group - krikoria
guanajo	turkey - nsowawo, asonwá, asowá
guardar	put away - nbaka
guerra	war = battle - mulonga, gondomakayira
guitarra	guitar - lambrilé matoko, sansimatoko
habla	speak (to) - bobadinga, boba, mboba, ndinga, taba, ntaba
hacer	to do - kuila
hacha (machete)	hachette (machete) - mbele, bele, krengo
harina	corn meal - diba, ndiba
hembra	female (girl) - nkendo, nkenta, nketa

hermana	sister - mpangui yakala
hermano	brother - aburo, fumbie, nfumbie, niambe, pakisiame, nkombo, nkondo
hermosa	beautiful - boloya
hernia	hernia - munúngua
hierbas	herbs = plants - bikanda
hierro	metal = steel - songé, nsongé
hija	daughter - moana, guandin
hijo	son - munafuto, munanu, munana
hilo	string - babuso
hinchado	swollen - mabimbi
hoja	leaf - difué, kuku, nkanda
hombre	man - bakala, ambaro, burubano, mabumboa, yakara, yakala, yaroka, gualada, mabemba
hormiga	ant - kiniomi, miasinam, miansiman nfitete, fikaya, fuila
hospital	hospital - kuanso, kumanso
hoy	today - lelu, kanguí, guaki
hoyo	hole - kuko
hueso	bone - matari pemba, mfansi, yesi, biyesi, beyesi
huesos	bones - kongoma, kanguame, musombo
huevo	egg - lele, mankima nsuso
humanidad	people - bantu
humo	smoke - disi
iglesia	church - munanso nkisi (kisi), kunansó, amasú mpubola
ignorar	ignore - dialamenso
incienso	incense - polo, mpolo nsambi (nsambia)
indio	indian - minganga badigaso, yamboaki
infierno	inferno - lurian bansa kariempembe, yenda kumbansa, kumbabma
iniciación	initiation - bundán nkisi (kisi), bundánkisi nganga, kimba, kimbo, mbele ngángano
iniciado	initiate - mpangui sama, kirano, malembe goganti
inteligencia	intelligence - ntu
irse	to leave - mbakuako, mikuenda

jabón	soap - saba, nsaba
jarro	jar - disanga
jefe	chief (person in charge) - mbansa, ngubula, fumo, nfumo, mpangala
jengibre	ginger root - túa, ntúa
jícara	coco shell cup - watá, nputo guánkala, futu kuankala
jicotea	turtle - nkufo, gurú, fuko, furio, fulú, sarakuseko
jimaguas	twins - basimba kalulu masa
jimagua	twin - mpansa
jorobado	crooked - guatekamá
joven	young - matoko, baleke, muleke
jubo	juice - ñanka, ñuka, ñioka
junto(s)	together - ambianta
juramento	swearing (in ceremony) - kimbo, kimba
justicia	justice - dundalonga, dundalonda, fuambata, nfuambata
policia	police - gando
jutiá	possum (found in cuba not US) - ngunche, kumbé, sisi, nfuku, chonde, nchonde, kumbé, fumbé
la cardid del cobre	ochun, congo - mama chola, mama cholan, chola
la virgen de las mercedes	obatala, congo - tiembla tierra
la virgen de regla	yemaya, congo - baluande, balunga, kalunga, madre agua
labor	labor, work - kebula
ladrar	to bark - mufe
lagartija	lizard - diansila, diansiya, ndionsila
lágrimas	tears - masosí
laguna	lagoon - mungane monsa, tuale lango
largo	long - mboriyandi
lavar	wash - sakumali, súkula
lazaro	lazarus - mfumbe, nfumbe
leche	milk - magonde, manfanina, suka, nsuka
lechuza	owl - minián puango, fúngo mafuka, muni anfuanga

lejos	far - tanga nkanda
león	lion - nsombo, sambo, nsombo, kosi, chú, kiandongondo, nsombo
levantar	to lift - sángula
levántate	stand up - sikama
licencia	permission - gueyaye, gonda dariyaya
limón	lime (lemon) - koronko, kiángana
limpieza	cleaning (purifying) - sala, nsala
limpio	clean - nsaku
loco	crazy - firali, fuali, fuati
loma	hill - sulumongo
loro	grey african parrot (sacred bird) - nkusu
lucero	equated to holy ghost - tetenboa, kimango, chamalongo
luna	moon - mposi, ngonda, ngondia, gonda, lungonda, ngunda, lengonda, tángo dilansó
lunes	monday - nsala
luz	light (also brightness) - tuya, munia
llover	to rain - mbula, nfulanguisa
lluvia	rain - lango
llanto	cry - masanga, samba, sambiayaya
llenar	fill - kumbré
llorando	crying - dalán kuame, dalán kuami
machete	machete - mbele, mbeli, beleko, mbeleko, lumbendo
madera	wood - ntí, miti
madre	mother - yaya, yeyé, kuandi, wandi, nguá
madrina	godmother - yaya, sumbo, nsumbo, ngudi, tikantiká
magia	magic - kimpa
majá	serpent - mboma, noka, bomboma, bumbema, kimbamba
mal	bad (malicious) - yilá, ñari, guame, nguame, kombo simba
malo	bad - ngongo, yela, malembe
mandar	send - tuma

mano	hand - inkuako, blankí, nguika, bata, nkewa, mbemba, lumbo, bembo, mbembo
manteca	lard - feria, masi, mense
mañana	tomorrow - bari, mbari, masimene
mar	ocean (sea) - kulunga, bulunga
marido	husband - masuako, nkana, ngami, matoko, bakalí
martes	tuesday - nkando
martillo	hammer - dungo, ndungo, bungo
matar	kill (also sacrifice) - bondá, vonda
mayombe	mystery of the spirits - mayombe
mayor	elder (in charge) - tata ngango, tata ngango, tata nkisi, tata nkisa, mpambia nkisa
medicina	medicine - bilongo
mentira	lie - bambú
mentiroso	liar - bambunguei
mesa	table - brandiku
miel	honey - ndambo kinkolo, wemba, dimbo
mirar	to look - sinde, nsinde, muene, tala, ntala, bika
mire	look - kili
misterio	mystery - lembo, nkuí
montaña	mountain - kunalemba, mongo
monte	woods - anabutu, finda, nfinda, kunanfinda, musitu
morir	to die - lufua, kufuá
mosca	fly - boansi, bonsé
mosquito	mosquito - lulendo, kangoma
mucho	plenty - bobé, ingui
muerte	death - malala
muerto	dead - nfumbi, nfumbe, mfumbe, nganga, nkula, bakula, bankita
mujer	woman - kasiwa, dimba, nkento
mundo	world - bemba, panguila, npanguila
mundo (tierra)	world (earth) - ntoto
música	music - gungafuto, minwi, púngui
nacer (nació)	born - sapunto, saputa
nadar	swim - guabinda

nalgas	butt (cheeks) - fembe, bungonani, matako, nfembe
naranja	orange - balala, muamba, malata, mbefo
nariz	nose - beno nsumo, masuru, masurí
negocio	business - mbembo
negro	black - mifuita, kulu, yandombe, yandobo, mufuita
ninguno	none - mune pun
niña	girl - moana nené, moana bakala
niño	boy - balígue, moana luke, basikanda, moana, muana, buta
no	no - nani, ko
noche	night - kalungo, buna fukua, bunanfuka
nombre	name - lusina
nosotros	we - e tutu
nubes	clouds - yalanwá munansula
nudo	knot - nkango, gango, ngango
nueve	nine - fuá, mendako
nuevo	new - lulendo penfialo
obispo	bishop - fumo, nfumo
ocho	eight - inona, mendete
oídos	ears - mato
oigo	hear - mo wa
oír	to hear - sikiri mato, kuendan, kuto, nkuto, wiri
ojos	eyes - muini, mesu, mensu
oreja	ear - mato, tuto, nwenga
orinar	urinate - lango banga
oscuro	dark - tombe, mfuembo, mpimpa
padre	father - tata
pagar	pay - futeno
país	country - nsí
pájaro	bird - nuí, sunsun, sunso
palabra	word - dinga
palabras	words - mato
palacio	palace - munanso, munansó
palero	priest of the dead (congo priest) - tata nganga, padre nganga, tata nkisi

palma	palm - lala, mamba
palo	stick - saku saku, nkunia, kunie
paloma	pigeon - mpembe, sunso nsambia, yembe
pan	bread - bolo, mbolo
pnatalón	pants - mbati, lele makate
pantera	panther - yamakara, kombo bongala
pañuelo	handkerchief - lilenso, dilanso, dileso, direso, benso, mbenso
papel	paper - katikán kanda
para	for - duala, nduala
pared	wall - lúmba
parir	to give birth - kabo angasi
parto	birth - mpasi
pato	duck - nsusulango, badango, barango, ufadango
pavo	turkey - suso asogue
pecho	chest - turu, nturu, tulu, ntulu
pegar	to hit - tati
peleando	fighting - monongoya, sambulán, sambilán
pelo	hair - insefe, nsefu, mabuisa, sefu, sefú, nsuesi, suke, nsuke
pellejo	skin - kanda
pena	shame - nfía, magate, makate
pensando	thinking - bonsando
perdón	sorry - sambia ntuke, yai, ntuke
permiso	permission - kuenda banguata, kuendan banguata
perro	dog - mboa, mbúa, yimbis, mbulo, jimbiá
pescuezo	neck - chinga, nchinga
pescado	fish - sonsi, sonsé
pie	foot - lumbe, mumalo, alumalo, ntambe, tambe, ntambe, malo, mioko, dikuenda
piedra	rock - matari
piedra imán	magnet - fumanda kimpeso, fumanda impeso
piedra rayo	rock formed by lighting - nkita simpungo
pimienta(y de guinea)	dungo, ndungo, tuola
piojo	flea - tatú
piña = pina	pineapple - miengue

planta	plant - tiama, nsiama, kongué
plátano	makondo, mankoma
plumas	feathers - nkanda, mukanda
poco	little - kukako, mune yolé
podrido	rotten - yaola, nfuá, fuá
policía	police - fiota, gando, mukuaputo
polvo	powder - polo, mpolo
pólvora	gun powder - fula, nfula
porquería	trash - tufiro, ntufe
pozo	well - longue, kamatoto
prenda	amulet - nganga, ganga, macuto, kundu, nkundu, kimbisa, muganga, mungonga
preso	prisoner - nena luande
prohibido	prohibited - nlongo
pronto	quickly - tuimini
prostituta	prostitute - nkuna nwako, mbisi labana, kontoria
prueba	proof - walenga
puente	bridge - masa lamba
puerco	pig (swine) - misunguru
puerta	door - munelando
rabo	tail - sila, biokónsila
raíz	root - bugule
rana	toad - siré, chulá
rata	rat - mbinda, matutu, kibe
ratón	mouse - untongo, wénputo, pu, npu, puku, mpuku, jipuko, jipuku
rayo	lightning - nsasi fula, yilo, mukiama
recoger	gather - kuabilanga
recuerdos	memories - samuna nkenda
redondo	round - kuyereré, kuyere
regresar	return - lúrie
reloj	clock - ntiele, bungafuto
resguardo	amulet (small) - macuto, makuto, pánga, kindo, mpungo, mpungu, nganga, ganga, kabunga, mabula, kondo
retrato	photograph - dimbo
rezo	prayer - mabungo, mambo

rey	king - nfumo, fumanchú, fumuampi, mani
rico	rich - mbongo
rincón	corner (inside house) - kasuako
riñon	kidney - bangá, mbangá, banga, mbanga
río	river - lukala, kuilo, lukango, mbelesi, mbilesi
rojo	red - mbuaki, mengu
romper	tear (break) - boa, diboa
ropa	clothing - lele, nguelele, nche, mbeke, miengue
roto	broken - kitutu
sábado	saturday - wengue, ngué, dengué
sabana	bed sheet - inseke, beko, muna, ditutu
saber	to know - bika, gualuki
sabiduría	wisdom - tuán, ntuán, bundanga
sabio	wiseman - nfumo
sacerdote	priesthood - nfumo bata
saco	sack (burlap) - ntuku, fuko
sal	salt - sukre, mpolo
saliva	saliva - mete
salud	health - yila, malembe, salamaleko, nsalamaleko, nsalamalecum, salamalecum
saludo	greeting - malembe nyale
san lazaro (arara)	lazarus, congo - mfumbe, nfumbe
san pedro	saint peter, oggun - zarabanda, sarabanda
sangre	blood - menga, kimenga
santa barbara	chango, congo - siete rayos, nsasi
santa teresa de jesus	Oya, mother theresa - centella, mariwanga, mama wanga
santo	saint or deity - mpungo(s), mpungu(s)
sapo	toad - chulá, nchulo, nkuila, ndiónsila
saya	skirt - lelepun
secreto	secret - abakúa, sokinakue
seis	six - isabami
sembrar	plant - nfuri, furi, furintoto
señor	mister - mpangui
señora	misses - penda, ngana, nkento
serpiente	serpent - mbumba, nsiama

silencio	silence - mambe
silla	chair (seat) - fumbo, luando, kibundo
soga	rope - musene, nima, bulo, mukolo
sol	sun - ntangu, ntango, tango, tangu
soldado	soldier - masererí, masoari, mubonga
soledad	solitude - moana kaka
sombrero	hat - kisumbo, musumbo, masumbo
sube	climb - banda
suelo	floor - tore, ntore
sueño	dream - kuanda nsoyi
tabaco	cigar - nsunga, sunga
tambor	drums - goma, ngoma, ngoma mputo, kingoma, mula, masikuila
tarro	bull horn - mbinga, bani, nbani
tarro (cargado de nganga)	bull horn (cauldron secret) - mpaka
taza	cup - ponda, nchá
techo	roof - lulia
tela	cloth - kangu
templo	temple - nso
tener	have - simbanka
tiempo	time - mbu, tango, malanda
tierra	earth - ntoto, nsi
tigre	tiger - ngo, lugo, kinaningo
tijera	scissors - kesi, nsama
tinta	dye or ink - fiota, menga fiota
tirar	throw - tákula
tiro	threw - munduko
tocar	touch - takalunga
todos	all - lumbo
toma	take - ntuala, fambo
tomar	to drink - tambula
tonto	dummy - soé
tormento	storm - mbula
trabajar	to work - banga, nsikila
tranquilo	calm - yeka

trece	thirteen - kumiyate
tren	train - nkumbre
tres	three - itatu, tatu
tristeza	sadness - kikenda
tropezar	stumble - munantansila
trueno	thunder - kuankila, guankila
uno	one - yesi
uña	finger nail - kiala
uva	grape - mamputo
vaca	cow - naa, najá
vago	lazy - salantuwa
valiente	valiant - yen yen
valla	go - kuenda, fuase
vapor	vapor - nkubri kalunga
vaso	glass - chuta, nchuta
vela	candle - muinda, munda, muenda
velorio	wake (for the dead) - tambi
vendado	deer - piti, sansamú, sombí, kabí, chá
vender	sell - tuenda, ntuenda
venga	come - mbanga, mbonga, wuanda
verdad	truth - mabianga
verde	green - mbí
verraco	idiot (bonehead) - guangangulo
vete	leave - kuenda, quenda, kuisa, diata
vieja	elderly woman - kienbomba, kiboba
viejo	elderly man - nsulá, okubo, okulu
viento	winds - nfinda, finda, nfinfi, impenso
vientre	womb - manalusa, nunalusa
vino	wine - malafo mabeya, malafo mbaso
vira	turn - bilula
virar	to turn - biringuer
visita	vistor - sensa
vivir	to live - buriri
volar	to fly - kakuisa
voz	voice - ndinga

yemaya (la virgen de regla)	yemaya, congo equal - baluande, balunga, kalunga, madre agua
yerba	plants - nfita, matiti, vititi
yerbas	herbs - musanga
zapato	shoe - mamabo, nkandu

SALA MALECUN

Templo lucero mundo

Esperando que este volumen de la enseñanza del primer libro les allá portado la respuestas a sus preguntas dentro de este oficio congo, del cual por la magnitud de los misterios, ritos y ceremonias lo divido en diferentes libros.

Temas de la enseñanza de lo cual les será mas fácil aprender este oficio congo, tal y como yo lo he venido practicando por más de medio siglo, Amen aleluya y simba que nos vamos para el otro volumen de la enzenanza del oficio congo.

Santeropalero.com Tel: 1-718-893-9741. Siete libros saldran en total del oficio congo encunia lemba sao, enfinda cunanfinda, congo bacongo, mani congos, loangos guaculan congos. Mambe, simba que nos vamos simba; y vamos pal velorio estanislao bakeke dulce ya esta llamando. Sala malecun